Chave de Ouro

Os Mestres
Hilarião de Monte Nebo
Josefa Rosalía Luque Alvarez

CHAVE DE OURO

ABERTURA AO CULTIVO DO ESPÍRITO E À FRATERNIDADE CRISTÃ

Tradução
MARIA STELA GONÇALVES

EDITORA PENSAMENTO
São Paulo

Título do original:
Llave de Oro
Apertura al Cultivo del Espiritu
y a la Fraternidad Cristiana

Edição	Ano
1-2-3-4-5-6-7-8-9	99-00

Direitos de tradução para a língua portuguesa
adquiridos com exclusividade pela
EDITORA PENSAMENTO LTDA.
Rua Dr. Mário Vicente, 374 – 04270-000 – São Paulo, SP
Fone: 272-1399 – Fax: 272-4770
E-mail: pensamento@snet.com.br
http://www.pensamento-cultrix.com.br
que se reserva a propriedade literária desta tradução.

Impresso em nossas oficinas gráficas.

SUMÁRIO

Introdução

Este livro se dirige ao leitor das obras da Fraternidade Cristã Universal, àquele que as aceitou como algo seu e que é levado a dizer: Esta é a verdade que vive em mim!

Ele contém os ensinamentos do Guia e dos Mestres espirituais com a finalidade de fortalecer as almas, ensinamentos que nos orientam sobre o que é e o que significa a fraternidade cristã para os seguidores do ideal que em nosso coração inculcou o Guia e Instrutor desta humanidade: o Cristo.

Psicografados pela autora da Obra, Josefa Rosalía Luque Alvarez, ao longo de mais de trinta anos, esses ensinamentos nos dão, na medida da nossa vontade e das nossas capacidades, o conhecimento necessário para que a alma tome posse da sua personalidade humana como filha de Deus.

A Alma, eterna viajante, chega a um ponto da sua peregrinação em que tem de optar entre ficar saboreando o néctar das ilusões mentais, fugazes e efêmeras, ou buscar o Deus Verdade-Justiça e Amor, cunhando a "Chave de Ouro" que abra a porta do jardim interior, introduzindo-se no conhecimento e na consciência do bem, do amor, da justiça e da verdade.

A paz esteja com vocês.

FRATERNIDADE CRISTÃ UNIVERSAL
O caminho do cultivo interior da alma

No silêncio místico,
venho buscar-Te... Senhor!...
para diluir-me na tua essência,
na tua vida e no teu amor!
J.R.L.A.

Relato da Origem da Obra da Fraternidade Cristã Universal no Século XX

Em 1932, Josefa Rosalía Luque estabeleceu residência numa ilha localizada no arroio Felipe, 1ª seção Delta, do distrito de Tigre, província de Buenos Aires, República Argentina.

Acompanhada do marido, da mãe e de amigos íntimos, queria criar uma pequena granja que lhes permitisse a subsistência, bem como dar prosseguimento às atividades da escola espiritualista "Jesus de Nazaré", que eles tinham dirigido na cidade de Buenos Aires.

Nesse lugar de retiro e solidão, deu início ao relato das origens da nossa atual civilização, escritos que lhe tomaram cerca de nove anos e que ela intitulou *Origens da Civilização Adâmica.*

No dia 28 de março de 1938, por intermédio de J. R. Luque Alvarez, o pensamento Crístico fundou a Fraternidade Cristã Universal nestas paragens da Terra.

Tratava-se de uma instituição que já em duas ocasiões anteriores, nos séculos XV e XVI, o mestre Véritas (Melchor de Horeb) tentara estabelecer na Espanha.

Em 1940, ocorreu no Delta uma grande inundação que cobriu parte da casa em que vivia; diante da precária situação econômica e da debilitada saúde da mãe, de idade avançada, J. R. Luque Alvarez decidiu estabelecer-se na localidade de Flórida, distrito de Vicente López, província de Buenos Aires.

Pouco tempo depois, Dona Dorotea Alvarez, sua mãe, veio a falecer, seguida pelo marido de Josefa, Manuel Vázquez de la Torre, que continuaria a acompanhá-la em sua missão como Guia familiar, a partir do plano espiritual mais próximo da Terra.

Ela continuou sua missão nesse local, escrevendo sobre a vida de Jesus de Nazaré, primeira de suas obras que, com o título de *Harpas Eternas*, foi publicada em 1950. No início, foi impressa em fascículos e, pouco tempo depois, em formato de livro, em cinco tomos.

A colaboração de leitores dessa obra permitiu que se empreendesse a tarefa de obter uma impressão e uma distribuição melhores para *Harpas Eternas*. Tudo se conseguiu graças a empréstimos voluntários que foram pagos com a venda da própria obra.

Isso representou um grande esforço financeiro, pois os colaboradores não dispunham de grandes recursos mas tão-somente do salário correspondente ao seu trabalho ou de pequenas economias.

Abrigam-se na mente e no coração os nomes de alguns deles; seria injusto mencionar alguns e deixar de lado outros que a memória ou a falta de conhecimento poderiam negligenciar. Além disso, esses nomes estão escritos nas próprias pessoas e nos anais da luz.

Entre eles, houve os que foram rochedos firmes em sua lealdade à obra do Divino Mestre quando a ignorância, a inconsciência e a maldade pretendiam derrubar o que com tanto sacrifício se estava edificando.

J. R. Luque Alvarez prosseguiu sua obra escrevendo *Cumes e Planícies*, e por último *Moisés*, iniciado no dia 25 de junho de 1960. Grande parte dessas obras foi escrita na ilha, porque em 1953 Josefa voltou ao Delta e aí permaneceu a maior parte do tempo. Ela se instalou lá em definitivo no ano de 1962 e faleceu nessa ilha no dia 1º de agosto de 1965, com a idade de 73 anos.

Suas cinzas encontram-se em "Negadá", nome da ilha. Seu espírito alimenta a idéia que ela sustentou por toda a vida.

As obras psicografadas por ela constituem a base da Fraternidade Cristã Universal. Encerram-se nelas os conhecimentos que se puderam transmitir nesta época; conhecimentos proporcionados pelas escolas de sabedoria divina existentes desde que a humanidade passou a ter em seu seio Guias e Instrutores de almas.

O que se iniciou como um breve relato em 1932 tomou trinta anos de atividades. Com isso, Josefa deu cumprimento a pactos preexistentes.

No tempo transcorrido desde o início deste movimento espiritualista cristão – aproximadamente desde 1926, tendo sido oficialmente fundado em 1938 e durado até 1965 –, os Guias e Instrutores da Fraternidade Cristã Universal foram ditando ensinamentos para facilitar o entendimento sobre o que é e o que deve ser esse movimento para as almas que quiserem filiar-se a ele. Todos os ensinamentos foram psicografados pela senhora J. R. Luque Alvarez.

Este livro é resultado do que recolhi da sua pasta de manuscritos, com a intenção de que sua leitura e análise, *no momento da meditação*, esclareçam nossa consciência como filhos de Deus e seguidores do Ideal cristão; e com o desejo de que nos beneficiemos destes ensinamentos e coloquemos nossa vida em harmonia com o Ideal.

Que o amor à Paz, à Justiça e à Liberdade seja o horizonte que marque o nosso caminho de cultivo interior da alma.

*H.J.O.**

---

* O autor deste texto, depositário legal da obra, acompanhou a senhora J. R. Luque Alvarez de 1953 até a sua morte.

A Última Aliança

Paz, esperança e amor.

Nem Eu mesmo consigo subtrair-me à profunda comoção destes momentos solenes em que nós, sete milhões de espíritos, nos unimos numa única vibração de amor, numa mesma onda de energia, numa imensa labareda de luz!

É a minha última aliança com a humanidade terrestre que congrega neste momento os Setenta Messias companheiros de evolução e os sete milhões de espíritos que com eles cooperam desde tempos imemoriais para o progresso dos mundos que lhes foram confiados.

A última aliança!... Expressão solene que comove a fibra mais íntima do meu ser!

A última aliança com a humanidade desta Terra que tantas vezes bebeu o meu sangue e escutou os cantos do meu amor imortal.

A última aliança com essa humanidade representada neste momento por vós – pequeno e desconhecido núcleo nesse jovem país – que, mesmo sobrecarregados de humilhações, de dores e de angústias, encontrais no vosso ser íntimo uma potente vibração de amor que responda como o eco de um canto longínquo à formidável orquestra dos milhares de almas que vibram neste momento solene como uma única inteligência, uma única vontade.

Energia irresistível que, como uma imensa onda, envolve duzentos mundos de evolução igual à desta Terra, devendo em todos eles produzir-se a mesma transformação.

Força invasora de uma potência desconhecida para vós, que por meio de núcleos pequenos, ignorados e humildes como esse, servis de pontos de contato entre os planos físicos e o mundo espiritual.

Enquanto as humanidades desses mundos se agitam em espantosas convulsões de crime e loucura, poucos grupos de verdadeiros ungidos da fraternidade e do amor fazem parte do magnífico concerto formado pelas grandes Inteligências que comandam universos e mundos.

Nesta minha aliança convosco, consagro-vos Missionários da Fraternidade Universal neste jovem país, escolhido por vós como campo das vossas atividades idealistas; e assim como neste momento recebo as vossas grandes promessas de fidelidade ao pacto sublime nove vezes repetido, assim também vós recebereis doravante, em meu nome, as promessas dos vossos e de outros que virão estimulados pelo meu insistente chamado, pois vós sois a página em branco que deixo nesta Terra, onde gravarão seu nome todos aqueles que, espalhados como chispas errantes por entre as multidões inconscientes, esperam, desgarrados, u'a mão que os impulsione e uma luz que lhes ilumine o caminho.

Felizes de vós se responderdes a este glorioso chamado!

Felizes de vós se conseguirdes ser estrelas tutelares das almas nas trevas que virão! Felizes de vós se se puder atribuir a vós o nome de rouxinóis do Amor Eterno, que tantas vezes me destes ao ouvir, através dos séculos e das eras, o meu perene canto de amor junto à grade da vossa janela!

O incomensurável amor de Setenta Messias e de sete milhões de almas, lâmpadas vivas de luz inextinguível, concentra-se no meu ser como uma força infinita, neste momento, e transborda e se expande em ondas intermináveis sobre vós, que tão profundamente o sentis; para que, pelo vosso intermédio, como fios condutores, ele possa acender-se de alma em alma nesta nova era em que estamos entrando.

É a túnica branca com que cubro o vosso espírito ao iniciar-vos na vossa nova vida de pequenos Cristos dispostos ao sacrifício e à imolação pela causa da Verdade, da Justiça e da Fraternidade entre os homens.

Nesta derradeira aliança, não sou mais Juno, Numú, Anfião, Antúlio, Abel, Krishna, Moisés, Buda ou Jesus, mas tão-somente o Cristo que vos unge para o grandioso apostolado da Verdade e do Amor Fraterno.

Embora tenhais de passar ainda por muitas dores, estarei tão unido a vós que me sentireis como o pulsar do vosso próprio coração, a fim de dar clareza às vossas idéias e incentivo aos vossos anseios de missionários.

E ainda que, profundamente comovido, eu agradeça o amor demonstrado pelo meu nome Jesus de Nazaré, que vós destes um dia ao vosso círculo, digo-vos que esse nome da minha última vida física é demasiado pequeno para este momento em que nós, Setenta Messias irmãos, voltamos a unir-nos para iniciar a transformação de duzentos mundos gêmeos.

Por isso, digo-vos também que batizo a Obra, Instituição ou Escola que hoje, unidos, fundamos, com o nome de Fraternidade Cristã Universal, porque a partir de agora fica ela unida ao concerto grandioso de uma nova evolução em duzentos globos desse universo visível a partir da Terra.

Como a Lei desta hora manda que transcorra um período em que não podereis ouvir a minha palavra, que tantas vezes se derramou sobre vós para ensinar-vos a Verdade e a Justiça, dar-vos-ei o abraço de despedida como selo de amor desta Aliança que vos une a mim de modo mais íntimo.

E agora, obtido o vosso juramento de eterna aliança, simbolizada por este rolo de papiro que guarda os vossos nomes e o meu, guardo-o neste cofre que é oferenda do vosso amor e que leva consigo a vibração de amor de Setenta Messias e de sete milhões de espíritos que com eles cooperam na Verdade e na Justiça. Deixo aqui a nota mais íntima e profunda do meu amor por vós e por essa humanidade pela qual tantas vezes me sacrifiquei.

Deixo aqui também a suave ternura da minha despedida, que não é um adeus doloroso e triste, porque bem sabeis que para aqueles que amam não existe esquecimento, não existe ausência, não existe adeus.

Portanto, deixo aqui um suave e consolador "até breve" para alento da vossa esperança e compensação do vosso amor, que me encontrará no fundo do vosso ser íntimo sempre que me chamardes com o vosso pensamento.

Paz, Esperança e Amor!

Eu, o Cristo.

O Que Deve Ser a Fraternidade Cristã Universal?

Que a Paz do Divino Mestre esteja convosco.

Como um pássaro em vôo é o espírito humano liberto da matéria quando abre suas asas à imensidão infinita e, por ordem da Lei soberana, se detém em determinado lugar porque almas irmãs estão esperando um cantar do céu.

Esperais o cantar de um irmão do espaço infinito, porque estais alquebrados pelos lodaçais imensos e fatigantes da Terra e quereis escutar um cantar novo para a vossa alma, por mais que seja ele uma repetição do que muitas vezes vos foi dito.

Vosso irmão Bohindra é hoje esse pássaro em vôo, para cantar-vos uma canção que ouvistes muitas vezes, mas que, sempre animada pelo Amor Soberano, soa como uma canção de ninar. Nesses momentos, vós sentis a vossa alma, ainda sensível, disposta a ouvir com a simplicidade de uma criança os grandes ou pequenos ensinamentos que o vosso irmão espiritual vos traz do espaço infinito.

E vou falar-vos esta tarde "do que é e do que deve ser a nossa Fraternidade Cristã".

Fazeis parte dela e talvez às vezes, no mundo em que habitais, tendes ouvido palavras que vos desanimam, como que levando-vos a pensar que os núcleos espiritualistas cristãos fazem sonhar com algo impossível de realizar-se na Terra, motivo pelo qual passaríeis a pertencer à categoria dos visionários, dos iludidos, dos sonhadores.

Nossa Fraternidade Cristã, tão humilde no seu começo, tão desconhecida e ignorada na sua modesta vida de lavradora – assim diria eu – dos campos do Senhor, *tem como principal finalidade o cultivo interior de cada um*, porque desse cultivo interior dependerão, no dia de amanhã, as capacidades de cada alma de ser um perfeito discípulo de Cristo, continuador da sua obra de libertação humana em meio ao Universo.

Ora, já sabeis em que consiste o cultivo interior: em vos estudardes a vós mesmos, em convencer-vos de que o Pai celestial vos deu um pequeno jardim interior, que é o nosso espírito, onde estais obrigados a semear todo tipo de belas flores, que são as virtudes que o espírito vai adquirindo no decorrer de seus dias na Terra.

Mas sabeis o que se deve fazer para semear um campo? Falando em sentido figurado, é preciso retirar dele os abrolhos, os espinhos, os calhaus, e deixar a terra limpa, pronta para a semeadura.

Isso custa sacrifícios, renúncias e, além disso, uma entrega generosa a essa Lei Soberana que manda e tece programas para a nossa vida humana.

Quando o tiverdes limpado, vosso jardim interior estará pronto a receber a semeadura de todas as belas flores que quiserdes plantar. Alguns de vós sentireis a inclinação de fazer o bem de determinada forma, outros de uma forma diferente, mas sempre é o amor, a cotovia divina que canta na alma de cada um porque, como bem diz a leitura da obra: "Sem amor no espírito, não podereis realizar nenhuma obra."

A outra obra que a nossa Fraternidade Cristã Universal tem a seu cargo é a de cantar às almas que andam perdidas pelo mundo sem conhecer-se umas às outras, porque este mundo é grande para nós, pequenos pássaros que voamos num círculo reduzido e limitado. Essas almas andam perdidas pelo mundo, buscando também a Luz, querendo ouvir, como vós, um canto celestial.

Esse cantar do céu são os nossos livros, que, com o sacrifício de todos vós, levam a todas as almas que queiram ouvir o divino cantar do Rouxinol Eterno, que é o Cristo que canta ao ouvido, para as almas, a bela serenata desse amor que dá vida a todas as coisas e nos torna capazes de grandes imolações e de grandes sacrifícios em proveito daqueles que nos foram designados como a parcela da humanidade que temos a obrigação de salvar.

Bem sabeis que cada um tem uma quantidade de almas aos seus cuidados, devendo nós, em nossas meditações, descobrir quais são essas almas e o que devemos fazer por elas. *Nossa Fraternidade Cristã é essencialmente mística* – caso apliquemos esse vocábulo à relação íntima da Alma com a Divindade.

Porque isso é o misticismo. Trata-se de uma palavra em geral interpretada e concebida pelas pessoas de modo equivocado.

Julga-se que o místico seja um ser nada social, retraído, que só vive rezando e não quer saber do mundo.

Místico é aquele que está entregue a seu dever: o de co-redentor com Cristo das almas irmãs em desarmonia com Ele.

O místico é um ser que estende as asas do seu amor sobre todos os seres que dele se aproximam, e que pode estendê-las rumo à imensidão infinita, para entregar-se a esse abismo de Luz, de Grandeza e de Amor a que damos o nome de Deus.

O verdadeiro místico, extremamente afável para com todos os seres que passam pelo seu caminho, que o cruzam, tem seus momentos de entrega absoluta à Divindade; então, sua alma se transforma em pássaro branco livre da matéria que estende as asas sobre todos os seres que lhe foram confiados e que têm necessidade, por Lei, de chegar ao caminho da Luz.

A Fraternidade Cristã é mística por excelência, porque se preocupa com o cultivo interior de cada alma e em colaborar, por intermédio dos livros recebidos do mundo espiritual, para levar todas as almas irmãs que chegaram à capacidade de compreender esse poço de Luz, de Verdade e de Amor que denominamos Deus. Seguimos o Divino Mestre, porque a idéia de Deus é demasiado abstrata e extraterrena para que a alma humana possa compreendê-la.

Por isso, a Lei Divina deu-nos um Instrutor que foi humano como nós, cuja mão pudemos segurar quando nos encarnamos perto Dele, em cujo peito pudemos recostar a cabeça cansada pelas dores da vida, que nos brindou com a sua amizade, o seu amor, o seu ensinamento.

Porque a alma humana precisa da proximidade de um ser encarnado para esvaziar-se por inteiro nele, visto que a idéia de Deus é por demais abstrata para que um ser revestido de matéria possa compreendêla e assimilá-la.

É nesse sentido que amamos Cristo, nós que o encontramos no nosso caminho eterno.

Não que sejamos fanáticos por um homem, por um ser. Somos adoradores do Ideal que Ele trouxe à Terra – *o Amor Universal e a Paternidade Divina* –, a fim de que a alma não se sinta acovardada por uma solidão abissal.

Nenhum de vós desconhece esses momentos em que a alma se sente mergulhada numa solidão espantosa e busca em toda parte uma mão amiga para apertar e um peito fiel onde recostar a cabeça cansada. Ora, para que nada disso atormentasse o nosso espírito que vive eternamente, o Cristo Divino encarnou-se inúmeras vezes perto de nós, como o amigo eterno, o amado, aquele que nunca trai, aquele que nunca esquece, aquele que nunca retira a mão depois de nos tê-la dado.

Tem esse sentido o nosso amor a Cristo.

Sei que nos ambientes chamados científicos se censura a nossa Fraternidade Cristã como "mística enganadora" e como uma entidade que caminha por um idealismo que nunca chegará a realizar; mas vós que viveis a Fraternidade Cristã Universal sabeis que não é assim. Tratase de um canto de amor de uns pelos outros, canto que vos consola e enche de paz o vosso coração.

É uma família espiritual que sente, pensa e deseja no mesmo tom que o Divino Mestre, que é o Santo ideal de perfeição que a Fraternidade Cristã vem perseguindo.

Não achamos que a nossa Fraternidade Cristã abrigue somente santos em suas fileiras. Nada disso. Na Terra, quem possuiu a santidade foi o próprio Cristo.

Os outros seres, como vedes nos nossos livros na figura daqueles primeiros discípulos seus, faziam um esforço para elevar-se um pouco na direção da grandeza que tinham visto no Divino Mestre.

Da mesma maneira, nós que hoje seguimos esse caminho também nos empenhamos muito em conseguir a nossa perfeição.

A Fraternidade Cristã não é um núcleo de santos. É um núcleo de pessoas que amam ao Cristo e à Verdade, à Luz e ao Amor Universal. Isso é tudo.

Vosso irmão Bohindra extraiu para vós, esta tarde, o que de mais terno, mais doce e mais suave encontrou em si mesmo.

Como eu vos dizia no começo, um espírito liberto da matéria é como um pássaro branco que alçou vôo na imensidão e se vai detendo nos locais em que sabe que almas irmãs esperam o seu canto.

Eu vos dei o meu e me retiro sem afastar-me de vós, porque sabeis que nós, vossos irmãos do mundo espiritual, companheiros desse imenso trabalho que realizais com a difusão dos nossos livros, nunca nos afastamos de vós. Sabemos que somos os vossos aliados para o cumprimento da Obra de Cristo. Felizes de nós e de vós se soubermos realizá-la com fidelidade.

Que Ele vos abençoe com a grande bênção do seu Amor.

Que a sua Paz vos dê a alegria interior que deve ter todo aquele que trabalha nos campos do Cristo Divino, eterno Semeador da Verdade, da Luz e do Amor.

Até sempre.

Finalidade da Fraternidade Cristã Universal

Paz, esperança e amor para todos os seres.

Vosso Guia íntimo e fundador da Fraternidade Cristã, que vejo congregada em torno de mim, aquele Melchor de Horeb que vistes acompanhar o Divino Mestre do berço ao cadafalso, vem sonhando por muitos séculos com o florescimento do amor fraterno, vendo-se sempre combatido pelas ambições dos homens e pelo feroz egoísmo que a tudo destrói e avilta.

Há vários séculos, nós, os aliados do mundo espiritual – tal como hoje estais em torno do Ideal do Divino Mestre –, projetamos uma fundação semelhante a essa, na época em que Isabel de Castela se mostrou tão bem inclinada e unida a nós.

A Fraternidade Cristã, cadeia de amor que quisemos fundar em torno dessa amorosa mulher, transformou-se no Santo Ofício, ou seja, na Inquisição, que perdurou por três séculos; e ali onde quisemos fundar escolas-oficinas, asilos, orfanatos, ergueram-se fortalezas eclesiásticas com salas de torturas e calabouços onde os que entravam não viam a luz do Sol.

Vedes então até que ponto as forças do mal podem criar obstáculos aos nossos esforços quando encontram na Terra elementos encarnados que as ajudam.

Mais tarde, quando Teresa de Jesus se dedicava a abrir santuários para socorrer os órfãos, os anciãos, as mulheres desprotegidas, nós fomos os seus inspiradores e nos propusemos a encontrar seres parecidos com ela para fundar a Fraternidade Cristã. Nosso plano também fracassou por causa do clero católico, que transformou nossa idéia em mosteiros onde um punhado de mulheres, severamente enclausuradas por detrás de grades e muros inacessíveis, se tornavam inúteis para o serviço a seus semelhantes, muitas delas forçadas a seguir esse caminho para que seus bens materiais aumentassem o tesouro dos papas.

Em duas vezes a fundação da Fraternidade Cristã fracassou.

Na primeira, ela se transformou no Santo Ofício, responsável pela condenação dos que analisavam o dogma à luz da razão e da lógica; na segunda, encerrou entre grades e muros a semente da idéia do amor e da esperança entre os homens.

Esta é a terceira vez que o vosso irmão Melchor de Horeb impeliu os instrumentos encarnados na Terra a reunir-se novamente para a fundação da Fraternidade Cristã, no momento em que se aproxima o final deste ciclo e já não há retardamento possível.

Embora tenham respondido, nossos aliados do plano físico tiveram de superar situações precárias e difíceis ao extremo; apesar disso, o amado grupo permanece, vive, respira ainda o alento soberano que lhe infunde o nosso Divino Mestre a partir do seu mundo de Luz e de Amor.

Só falta que as vossas almas, repletas de um fogo santo, respondam à nossa inspiração, se congreguem e sejam fortes para vencer o embate com as forças do mal, as forças tenebrosas desencarnadas, àquelas mesmas que perseguiram o Cristo em sua vida material e que procuraram destruir até a mais vaga idéia do que foram os seus sonhos, parcialmente realizados no longo decorrer das eras.

Vosso Guia se pergunta: essas forças também vencerão, no final deste ciclo, a Fraternidade Cristã? A resposta a essa pergunta não deve ser dada por mim, mas por vós, meus irmãos ora encarnados, que estais na linha de frente e recebeis o impacto dessas ondas bravias.

Eu e meus companheiros do mundo espiritual os escolhemos como baluartes neste momento que já não admite negociações nem adiamentos de espécie alguma.

Portanto, espero que respondais, tal como os doze discípulos íntimos do nosso Divino Mestre lhe responderam, a Ele que os escolheu entre todos porque um desígnio divino os assinalara de antemão.

Todos triunfaram; nem um único fracassou. Alguns foram perseguidos e assassinados; mas a morte por um ideal de redenção humana foi um magnífico triunfo que aqueles doze discípulos escolhidos, acompanhados por Ele, obtiveram.

Do mesmo modo, deve-se esperar que os eleitos do final do ciclo sejam capazes de triunfar sobre as forças do mal, que sem dúvida os farão padecer horrores de diferentes tipos, por vezes valendo-se dos vossos familiares e amigos.

Essas forças não conseguiram evitar que a Obra se difundisse pela Terra, nem mesmo descarregando espantosas borrascas sobre o instrumento escolhido para receber as mensagens divinas que vão dirigir a humanidade do futuro, depois de ter despertado a humanidade de hoje.

Mas como agora compreendemos que as forças do mal se uniram para evitar a divulgação das nossas obras, foi necessário formar uma cadeia de almas firmes e invulneráveis como o aço e o diamante em torno do sujeito sensitivo que, por carecer dessa defesa, fracassou em outras épocas.

Confiai nas forças espirituais que vos cercam, inspiram e ajudam nesta hora final em que estamos decididos a vencer ou morrer, como diziam os antigos paladinos das grandes causas idealistas da antigüidade.

Nossas obras confiadas a vós são códigos recebidos dos céus para guiar a humanidade, na qual vereis florescer os jardins do Mestre através dessas obras que ajudastes a receber e que vos sacrificastes para difundir entre os homens cegos desta época.

Por isso, a Justiça Divina varre da face dos mundos todos aqueles que sabem que serão um impedimento aos seus desígnios e às realizações por tantcs séculos esperadas.

Com isso, vosso Guia íntimo não faz senão tornar-se eco dos desígnios do Mestre, sustentado pela branca legião de seus seguidores e aliados, que passam de sete milhões.

A recordação viva desses poemas de amor e de fé realizados há séculos vos tornará capazes de superar todas as dificuldades e, sobretudo, vos fará invulneráveis às influências contrárias, que não deixarão de fazer-se sentir junto a vós.

Eis que vos anuncio os perigos, porque conheço a sutileza com que estão tramando as inteligências desencarnadas que tantas vezes entorpeceram a nossa obra, a qual está em conformidade com os desígnios divinos.

Por isso, também nós, do mundo espiritual, nos preparamos para a defesa, sendo vós os que a deveis levar a efeito no mundo material.

Nós vos inspiraremos em todas as vossas obras e secundaremos os vossos esforços na medida em que o permitirem a Lei e o vosso livre-arbítrio.

Bem sabeis vós quais são as finalidades da Fraternidade Cristã: *em primeiro lugar*, o progresso espiritual, que vos capacite a receber os dons divinos mediante vossa união com o Cristo, intermediário eterno entre o céu e a terra; e, por fim, a recepção das mensagens divinas, que são as obras ditadas pelos vossos irmãos do mundo espiritual.

Peço ao Divino Mestre seu soberano alento para todos vós, a fim de que sejais invencíveis em todas as dificuldades e Lhe respondam tal como Lhe responderam os doze homens naquela hora solene em que Ele se ofereceu como hóstia pura pela salvação dos homens.

Quando o desalento vos fizer vacilar, pensai que sois vós o coração e a alma da Fraternidade Cristã neste momento.

Que a Paz do Divino Mestre seja um farol no vosso horizonte e, sobretudo, que ela os mantenha tão unidos que sejais como um único coração e uma única alma.

Até sempre.

O Que é a Fraternidade Cristã?

Eis-me aqui, sentado no meio de vós, como um amigo entre amigos, sentindo a cálida onda do vosso afeto tão generosamente dispensado à autora de *Harpas Eternas*.

Em verdade, sou o vosso irmão Hilarião, designado pela Lei desta hora para desfolhar sobre as vossas almas estas páginas como uma branca chuva de paz, de consolo e de esperança, páginas através das quais vedes aparecer, entre as luzes de uma aurora boreal, a divina imagem do Cristo dos vossos sonhos; do Cristo que buscáveis ansiosamente em vossas inquietudes interiores e que ainda não tínheis encontrado sobre a Terra.

Que profunda satisfação faz o meu espírito vibrar nestes momentos solenes em que uma nova aliança, muitas vezes repetida, nos reúne como os raios luminosos de uma mesma lâmpada votiva, como as flores dispersas de um mesmo horto silencioso, como as notas vibrantes de uma mesma canção iniciada há muitos séculos e hoje continuada no santuário augusto do Cristo do amor, da esperança e da fé!

Sei que me esperáveis tal como eu vos esperava, com essa veemente ansiedade de amigos que se procuram na imensidão infinita, porque sabem que chegou a hora das confidências íntimas e das mais belas realizações.

Sei que, como eu, sabeis que chegou a hora de nos darmos de novo as mãos e de aproximar os nossos corações para continuar juntos no eterno caminho da evolução, descansando à sombra do mesmo oásis e bebendo na mesma fonte as águas de Vida Eterna.

Eis que, novamente unidos sob o olhar do Cristo Divino, damos forma à sua idéia genial e milenar da fraternidade humana, cerrando fileiras num modesto agrupamento de grande significado, visto encarnar o pensamento Daquele que, na inesquecível noite de sua despedida, disse: "Pelo amor que tiverdes uns aos outros saberei que sois meus discípulos, porque no amor a Deus e aos irmãos se encerra toda a Lei."

Vós vos reunistes para dar vida real, nestas belas paragens da Terra, à fraternidade que a mente iluminada do Cristo esboçara com traços geniais em todas as suas encarnações messiânicas neste planeta, confiado aos cuidados e ao amor Dele.

Grande e sublime missão a vossa! Plasmar em fatos a Idéia Divina trazida por Ele à humanidade, como uma eterna mensagem de amor e de luz que em vinte séculos consecutivos os homens não quiseram escutar!

Sinto neste momento a persistente vibração de uma pergunta vossa: *O que é a Fraternidade Cristã*?

Respondo-vos em nome do próprio Cristo, que há mais de uma década fundou, sobre a inamovível base do seu amor de séculos, o primeiro grupo desse nome com um reduzido núcleo de amigos seus, que, tal como vós, o vêm seguindo há longas eras.

A Fraternidade Cristã, à qual vos unis como um ramalhete de flores vivas a uma imensa grinalda que ides tecendo com o desejo de nela envolver toda a Terra, é antes de tudo e acima de tudo um novo hino de amor, de paz e de esperança que por fim desperta a humanidade do seu milenar torpor.

É a luz da própria estrela divina que guiou pelo deserto os passos vacilantes dos sábios do Extremo Oriente até o augusto berço do Salvador e que, como uma luz difusa, vai estendendo-se suavemente de coração a coração na penumbra mística do silêncio essênio, gerador de tantos pensamentos sublimes e de tantas obras de amor que têm o feitio de prodígios!

É o perfume concentrado das rosas vermelhas semeadas pelo Cristo há longos milênios, símbolos perenes de todo anseio, de todo esforço, de todo sacrifício voluntário em benefício da humanidade decadente e abatida pela tremenda vaga de seus egoísmos e ambições, que chegaram ao máximo a que pode chegar a degradação humana!

É a fonte de *água viva* a que se referiu o Divino Mestre quando disse às multidões que o buscavam com profunda ansiedade: *Vinde beber da água viva que eu vos darei e que aplacará para sempre a vossa sede.*

É a água eterna da Lei Divina que abriu veredas limpas e puras aos homens do passado, do presente e do futuro, construindo novos caminhos para a humanidade, que passa ao longe sem vê-los e continua incerta, insegura, vacilante, caindo e levantando-se, como que arrastada pela impetuosa atração do abismo!

A humanidade esqueceu essa fonte eterna da Lei Divina, e a nossa Fraternidade Cristã vem fazer vibrar de novo a alvorada triunfal da última hora.

Temos de dar continuidade à obra iniciada pelo Cristo há vinte séculos e concluí-la em todas as almas que esperam esse chamado final. A Fraternidade Cristã as irá buscando e reunindo, tal como se buscam e se encontram nos rochedos do deserto o grão de ouro ou o fúlgido diamante que há tempos esperava o momento de ser descoberto.

Grande e árduo é o apostolado silencioso do amor que não espera nem busca compensações, mas almeja apenas a que almas irmãs despertem para a Luz Divina nesta hora final, término deste ciclo da evolução humana, para entrar na branca falange que a gloriosa humanidade do futuro formará.

Nestes momentos solenes de suprema unção das vossas almas com o Cristo do amor, a Luz Eterna me descerra os véus dos seus Arquivos inapagáveis, e vejo-me a mim mesmo, ancião, nas grutas do Hermão, com o Cristo menino sobre os joelhos, e depois vos vejo seguindo-o, seja às margens do Mar da Galiléia, seja nas tortuosas ruas de Jerusalém, seja ainda no alto do pavoroso Gólgota no instante do seu sacrifício.

Sagradas recordações que se soltam da alma como pérolas de fogo, fazendo palpitar os corações sob o impulso de um amor profundo e sempre renovado em fervorosas aspirações, em promessas espontâneas que não chegam aos lábios, mas permanecem em nosso *Eu íntimo* como uma chama viva que não há de apagar-se jamais!

Queira o Senhor, soberano de todas as almas, que minhas palavras tenham despertado um eco sonoro no vosso coração; possais vós responder ao Cristo Divino com um inviolável e eterno "Aqui estamos, Mestre, ao teu lado para sempre".

Seja Ele a vossa luz, o vosso consolo e o vosso amigo em todos os dias da vossa vida eterna.

Trabalhar Com o Pensamento Mediante a Oração

Paz, esperança e amor sobre todos os seres.

Atendo com profunda emoção ao chamado que esta tarde me fazeis, irmãos da Fraternidade Cristã, irmãos de vinte séculos.

Fala-vos o irmão João, chamado o Evangelista, o apóstolo que as pessoas designaram como o mais amado de Jesus, talvez por ser o menor e o mais insignificante de todos.

A leitura do manuscrito que acabais de folhear e de ouvir leva-me a recordar aqueles tempos longínquos em que eu mesmo o escrevi.

Que mistério grandioso e eterno encerra a Luz Divina, esse arquivo majestoso, eterno e inapagável da luz, que vai captando de modo misterioso todos os pensamentos, todos os fatos, todas as palavras proferidas no decorrer dos séculos e das eras!

Vinte séculos se passaram desde aquela hora em que João, o apóstolo, escreveu esse rolo de pergaminho que acabais de ouvir. Mas eu vos falarei brevemente sobre esses dias longínquos.

A morte do Senhor mergulhara-me num pessimismo absoluto, eu queria morrer e, se não fosse pelo amor dos que me cercavam, sobretudo da augusta mãe do Mestre, eu me teria matado, lançando-me ao mar de Tiberíades para acabar com uma vida enlouquecida, inútil, segundo julgava, em que eu frustrara por completo as esperanças do divino Mestre.

Passaram-se assim dez anos, até que um dia Ele, sem dúvida condoído da minha miséria e da minha fraqueza, das minhas angústias supremas, fez desfilar como num filme, como agora vós dizeis, uma visão que comoveu as mais profundas fibras do meu espírito.

Vi de pé sobre o mundo Terra, sobre um mar azul, um magnífico senhor que distribuía saquinhos cheios de ouro a determinados seres que passavam junto a ele e lhes dizia: "Ide e trabalhai com este ouro que vos dou, pois eu voltarei, no momento adequado, para colher os frutos que tiverdes conquistado."

Os anos se passaram, e mais uma vez tive a visão do magnífico senhor de pé sobre o mundo, passando por um abismo de reflexos azulados, e novamente aqueles mesmos que tinham recebido os saquinhos de ouro desfilavam a seus pés.

Um trazia dez almas que o seguiam, outro, vinte, outros, trinta ou quarenta; e alguns ainda mais, e lhe diziam: "Eis, Senhor, o que conquistamos com o tesouro que puseste em nossas mãos."

Depois deles, chegaram uns poucos que traziam de novo o saquinho e o entregavam ao dono, dizendo-lhe: "Senhor, o mundo não quer servir-te, o mundo não quer fazer nada por ti. Não tivemos oportunidade de usar o teu tesouro; aqui o tens tal como no-lo entregaste." Nesse instante, vi – na visão, evidentemente – que aqueles saquinhos se esvaziavam aos pés do Senhor, e não continham mais moedas de ouro, mas abrolhos e pedras cortantes que machucavam e feriam. Ele lhes disse: "Afastai-vos da minha presença, trabalhadores inúteis, porque não fostes capazes de produzir o tesouro que vos dei, confiante de que trabalharíeis com ele e conquistaríeis grandes coisas."

Compreendi que essa visão era uma reprimenda terrível para mim.

Em dez anos que se tinham passado, eu não fizera senão matutar sobre a minha incapacidade, a minha inutilidade para todo trabalho voltado para a glória do Mestre e a difusão da sua doutrina.

Senti-me humilhado ao extremo porque todos os meus companheiros de apostolado tinham partido para regiões longínquas e trabalhado com fervor; só eu permaneci adormecido na inação mais absoluta. Parecia-me que a dor me obstruíra a própria luz da mente. Ou, quem sabe, a Lei Divina tenha desejado castigar minha vaidade. Tendo-me sentido amado demais pelo Mestre, não pensei no que seria a vida sem Ele, não me preparei para a hora da amargura em que não tivesse ao meu lado aquele farol resplandecente que iluminara o meu caminho; então, sumamente humilhado, prometi-lhe que, a partir daquele instante, trabalharia sem descanso para salvar almas, sua herança eterna, tal como o faziam os meus companheiros.

Essa leitura que ouvistes foi o primeiro trabalho que fiz depois de despertar daquele terrível pessimismo que me manteve aprisionado por dez anos.

A Lei Divina permite que eu dê essa lição a vós, irmãos da Fraternidade Cristã, irmãos também de apostolado, para *salvar as almas mediante a meditação*, mediante a oração, *mediante o exemplo*, mediante as forças de que a alma humana dispõe quando se coloca espontaneamente a serviço do grande ideal.

Talvez muitos de vós pensem como João, o Evangelista, o menor dos apóstolos de Cristo. Talvez penseis que não sois capazes de realizar grandes feitos em favor da obra de Deus e da salvação das almas; eu vos digo que nenhuma alma é inútil quando quer prestar o serviço de cooperadora ou salvadora na redenção humana deste mundo.

Vós que estais filiados à Fraternidade Cristã, que lestes *Harpas Eternas*, deveis ter bebido em abundância do amor de Cristo, que o derramou como uma onda de mel sobre toda a humanidade e atraiu a todos para o amor. Creio que já tivestes lições suficientes para compreender que o homem será salvo pelo amor e que a atração do amor irradiado pelo Cristo em cada um de vós – que Ele considera seus apóstolos – tem capacidade bastante para transformar a grande parcela da humanidade que está destinada à nossa Fraternidade Cristã.

A lição do vosso irmão João, morto espiritualmente por dez anos, deve servir para aqueles que, inconscientes dos valores do espírito humano, se julgam incapazes de fazer grandes obras em benefício da humanidade.

Não é necessário, nem ninguém vos pede que fundeis hospitais, que ergais templos, que façais grandes monumentos ou edificações grandiosas para recolher todos os abandonados, enfermos e leprosos do mundo. Não se pede de vós sacrifícios dessa espécie, porque bem sabemos, e melhor o sabe a Lei Divina, que em nossa Fraternidade Cristã não há as grandes fortunas exigidas para obras dessa natureza.

Não há senão amor nos corações.

É verdade que "o amor transpõe todos os abismos", como diziam as antigas escolas de filosofia divina, os kobdas da pré-história, e como repetiram os essênios do tempo de Cristo.

Ora, com o tesouro inefável do amor que Cristo irradiou e semeou no coração de todos, cada um de vós poderá prometer ao Divino Mestre salvar as almas que vos foram dadas como familiares ou amigos.

Cada alma traz para a vida material uma quantidade de almas – que lhe estão confiadas – para salvar. Se sois pais de família, podereis pensar que nessa parcela da humanidade estão os vossos filhos, as pessoas que estão sob a vossa guarda. Em qualquer situação humana, em qualquer condição social, a pessoa pode ter ao seu redor uma parcela maior ou menor de seres para salvar, para iluminar com a verdade divina.

Isso não significa que os membros da Fraternidade Cristã tenham de sair para pregar pelas praças ou anfiteatros, nem tampouco fazer conferências e discursos polêmicos.

Nossa Fraternidade Cristã tem como programa a vida silenciosa e retirada, a fim de trabalhar por meio da oração, com o pensamento, que é a grande força que Deus pôs na alma humana, força destinada aos servos de Deus; em contrapartida, essa força magnífica do pensamento é muito usada pelos que lucram com ela para dominar as multidões em proveito próprio.

Tristes deles! Deveriam, como servos de Deus, usar esse dom divino do pensamento para levar as almas à luz, à paz, à verdade e ao amor. São os inconscientes, os espíritos das trevas os que fazem uso dessas forças para arrastar as almas ao caminho do mal.

Essa é a missão da Fraternidade Cristã: com a poderosa força do pensamento, impelir as almas e despertá-las para o Cristo e para o seu divino ensinamento.

Esse é o trabalho realizado por *Harpas Eternas* – que passa silenciosamente de uns a outros – junto a toda a humanidade de raiz cristã. Porque, sem propaganda de espécie alguma, nosso livro se difundiu, levando a imagem do Cristo magnificamente impressa para que toda a humanidade por fim a conheça, tal como de fato Ele viveu a sua vida. Até agora, conhecia-se um Cristo diferente da realidade. Vós mesmos podeis comprovar isso.

Quantas vezes ouvimos, desde o mundo espiritual, em nossas andanças pelos lares cristãos... quantas vezes ouvimos dizer, alguns com o coração e outros com a palavra: eis enfim o Cristo que de fato queríamos conhecer.

Vós já o tendes, porque o amor dos irmãos desencarnados – amigos vossos – conseguiu verter sobre o mundo essa querida imagem do Cristo que todos amamos e conservamos gravada a fogo no coração.

Já que vós a tendes, ouvi com atenção a voz que vos dirá nas vossas meditações solitárias, tal como me disse a mim: "Levanta-te e anda, que já é hora." Já é hora de salvar almas e despertar as consciências adormecidas para fazê-las chegar ao Cristo da paz e do amor que não conhecíeis.

Quantas e quantas almas anseiam por conhecer o que vós desde há pouco já tendes nas mãos!

Inúmeros e belos são os trabalhos que podeis realizar com o pensamento nos vossos aposentos solitários quando, aos pés do Divino Mestre, ouvistes a palavra Dele e irradiais o vosso pensamento para todas as almas que O procuram e não O encontram.

Lembrai-vos das palavras do vosso irmão João e, quando meditardes sobre as sete virtudes (*Cumes e Planícies*) da vida perfeita, pensai nos dez anos que perdi esmagado pelo pessimismo e não vos deixeis vencer por isso.

Que a paz do Divino Mestre esteja convosco.

O Despertar da Consciência Cristã

Amados meus, há longos séculos!...

Amados sobre todas as coisas desta Terra, que me buscais quando clareia o dia, quando a tempestade enegrece o vosso horizonte e quando a Lua bruxuleia no imenso azul!...

Aqui estou, disposto não só a derramar sobre vós as rosas brancas da Paz Divina das quais sou portador e mensageiro, como também a desenvolver diante de vós o verdadeiro "Programa" que vos cabe seguir na hora por que passa a humanidade deste planeta.

Hora de divisões profundas, de ódios inconcebíveis, de egoísmos e ambições levados até a loucura do crime.

Eis o vosso dever e o vosso programa de cristãos seguidores do eterno mensageiro da Paz e do Amor: a *unificação* de todos os que, mais de perto ou mais de longe, caminham seguindo os meus passos.

Deixei pegadas em todas as paragens desta Terra, em todos os caminhos, entre os montes e as areias dos desertos, sobre mares turbulentos e pradarias em flor, sobre os campos cobertos de neve e sobre os imensos espaços vazios onde só crescem e habitam os répteis.

E nesta tarde em que a Lei Divina me permite falar-vos, desdobrarei diante de vós uma página do Livro Imortal da Divina Sabedoria:

O despertar da Consciência Cristã

As igrejas dogmáticas que séculos atrás, ou seja, na infância da humanidade, cooperaram em larga escala para a divulgação do Ideal Cristão, ainda que deficientemente interpretado – tal como em tempos anteriores o fizera o Judaísmo com a grande idéia da Unidade Divina –, seguindo rotas sublimes marcadas por grandes escolas de sabedoria da mais remota pré-história –, não só vêem hoje a sua influência caducar, como logo se verão obrigadas a seguir novos rumos se não quiserem que a força avassaladora dos novos conhecimentos e dos novos ideais de perfeição humana as deixe de lado como roupas velhas abandonadas ao longo do caminho por causa do impulso irreprimível das consciências que despertam.

Por isso, a Fraternidade Cristã Universal, nascida do nosso amor recíproco há apenas cinco anos, deve assumir de imediato o seu posto de ação, seguindo a luminosa corrente que indica e esboça esse mesmo nome com que Eu a batizei naquele dia de luz e de glória, dia em que Setenta Messias se uniram para decretar a transformação de duzentos mundos gêmeos da vossa Terra.

Portanto, minha fala desta tarde abordará a *Consciência Cristã.*

Idealistas de todas as religiões, de todos os credos, de todos os cultos, a vós me dirijo:

Esquecei os vossos já carcomidos dogmas e oscilantes princípios e cerrai fileiras em torno de uma bandeira que nunca envelhece nem se desgasta: *a Fraternidade Cristã Universal.* Símbolo eterno e real encarnação do Infinito que é Uno no seu eterno Poder Criador, Conservador e Renovador.

Tudo o que se afasta disso é brincadeira de criança e fúteis criações de mentes ainda obscurecidas pela inconsciência das eras que passaram.

Eu vos disse um dia: "Os Céus e a Terra passarão, mas minha palavra não passará."

Vinte séculos transcorreram desde então como uma vertigem de horror e de crime sobre esta Terra, e ainda agora me vejo obrigado a gritar aos quatro ventos essa mesma palavra quando vos digo e anuncio que, se não abandonardes os velhos revestimentos de dogmas e princípios caducos que caem por si mesmos, sereis arrastados pela voragem da Eterna Lei de Justiça que varrerá irremediavelmente os que a ela resistem.

Já não é hora de abrir mais abismos entre "o seu e o meu"; entre um princípio e outro; entre um dogma e outro dogma; entre um credo e outro diferente.

Esses acontecimentos não devem representar senão uma lembrança sombria na nebulosa dos tempos que passaram.

A hora atual exige de vós Fraternidade, Unificação, Paz e Amor por todos os homens.

Como realizareis o grande milagre – eis a pergunta que me fazeis com o pensamento – se são tantos e tão variados os caminhos por onde a humanidade busca a sabedoria e a fraternidade?

Se são tantas e tão variadas as perspectivas a partir das quais ela contempla a Divina Perfeição, a Luz Suprema, a Verdade Imutável?

Adeptos da Fraternidade Cristã Universal: a todos e a cada um de vós me dirijo neste instante; para vós desdobrarei essa página da Luz Infinita; para vós descerrarei o véu sagrado do templo da Verdade; para vós desfolharei essa flor imortal da Divina Sabedoria.

"Que todo separatismo desapareça qual negra fumaça levada pelo vento.

"Que aqueles que, mais velhos espiritualmente, tenham conquistado tesouros dos quais os outros carecem, não se tornem juízes de seus irmãos, mas lâmpadas de amor que inundem de Luz Divina os caminhos da vida por onde todos, unidos, devem andar.

"Que aquele que for mais evoluído espiritualmente seja um laço de união, um espelho vivo de bondade, de tolerância, de amor e de companheirismo para os que se atrasaram na caminhada.

"Que os que conseguiram com esforço lavar suas túnicas nas águas da purificação não se virem para buscar com olhos inquisidores as manchas que ainda aparecem na túnica do irmão, mas que com o seu pensamento – mar de luz sem fronteiras – descubram nas inteligências ofuscadas pelo turbilhão da vida a trilha radiante da Paz e do Amor, únicos tesouros que podem satisfazer os anseios da alma humana.

Que os que apresentam menos Evolução, em função de uma menor idade espiritual, não pretendam retardar o passo dos que caminham adiante nem vejam com receio e desconfiança o atrevido avanço dos que já adquiriram forças para voar. Por esse motivo, eu disse um dia estas palavras: 'No Reino do meu Pai há muitas moradas, e Eu vos ajudo a preparar a vossa para hoje e para amanhã'."

Deveis fazer com os outros aquilo que fiz convosco; e se nunca me afastei de vós, por mais que vos visse carregados de erros e extravios, por que havereis de espalhar-vos por diversos caminhos se Eu, que vou na frente de todos, carrego a bandeira branca que diz: "Só pelo Amor este mundo será salvo"?

Trabalhadores da Fraternidade Cristã Universal: sede os primeiros a considerar *todos os meus seguidores* como uma única família, qualquer que seja a bandeira religiosa, política ou racial que os congregue, porque só a esse preço vibrareis no mesmo tom que Eu e entrareis no grandioso templo da Sabedoria Divina, que é Luz, Amor e Bem-aventurança Eterna.

Não alimenteis ilusões, pois, no que se refere a esse dilema, a Eterna Lei é inexorável:

Se estais com Deus, Ele é Amor e Unificação acima de todas as coisas.

Se não estais com Ele... trabalhadores da Fraternidade Cristã Universal... para onde caminhais e por que chamais Mestre, Mestre, àquele que não foi nem nunca será senão o Mensageiro do Amor Divino para todos os seres?

E, para terminar, digo: Vigiai e orai, a fim de que a vossa consciência desperte para a plena lucidez do vosso dever nesta hora solene da vossa vida; confrontados com o vosso Eu íntimo na solidão da meditação, fazei a vós mesmos, todos os dias, esta pergunta que é um grito de alerta: "Meus pensamentos, minhas palavras e minhas obras deste dia corresponderam com fidelidade ao grandioso plano de unificação das almas, emanações divinas de Deus, que é Amor?"

E se o vosso Eu íntimo *vos responder que não*, confessai-vos a vós mesmos esse delito de separatismo, o mais grave que podeis cometer nesta hora assinalada pela Lei Eterna para a iluminação do Amor Universal sobre o planeta.

Amados meus...! Amados por toda a eternidade...! Para vós não existe nem pode existir outro juiz senão a vossa própria Consciência; e ela vos dirá a cada momento da vossa vida: "Guarda-te dos pecados contra o Amor, pois são pecados de lesa-majestade Divina, porque Deus é o Amor."

Dou-vos a minha bênção uma vez mais, enquanto recolho de todos vós a mais bela oferenda que podeis fazer-me: a promessa mil vezes renovada de fidelidade constante à minha Obra de Amor e Redenção Humana.

Eu, o Cristo.

O Despertar da Consciência do Nosso Dever

Paz aos seres de boa vontade!

Eloqüente e grandiosa palavra que ressoa de tempos em tempos na atmosfera impalpável que envolve os mundos, quando uma Inteligência avançada penetra nos planos físicos, seguindo sua rota de redentora de humanidades.

Paz aos seres de boa vontade...! Eloqüente e soberana palavra que vos dirijo neste instante e sob o mesmo teto, junto aos mesmos riachos, entre as canções rumorosas das mesmas selvas em que outras vezes vos chamei à consciência do vosso dever, como espíritos da minha grande aliança formada para a redenção desta humanidade.

E vo-la dirijo, como o fiz outras vezes, cheio de imensa piedade e comiseração por vós, que da treva da vossa inconsciência clamais devorados pela ansiedade, pelo pessimismo e pela dor: Mestre...! Quando poderemos triunfar sobre os penosos acontecimentos e cumprir a nossa missão como espíritos?

Meus filhos...! Não sois vós, mas eu quem deve fazer-lhes essa mesma pergunta, que encerra uma dolorosa e profunda queixa dirigida ao mais profundo do vosso eu íntimo, onde a alma, desnuda diante de Deus e de si mesma, não encobre nem falseia a verdade.

Quando – pergunto-vos – deixareis que se estabeleça plenamente em vós o reino de Deus, que significa o reino da Justiça e do Amor, mediante o qual vos estão prometidas a paz, a felicidade e a eterna ventura por que ansiais?

Quando – pergunto-vos –, tornando-vos superiores às baixezas, misérias e egoísmos que não constam da Lei do vosso grau de evolução e da vossa condição de filiados à minha obra de redenção, decidireis, de uma vez por todas, triunfar sobre vós mesmos?

Eu não seria o vosso Mestre e o vosso guia se não me visse impelido por uma imensa piedade e comiseração pela vossa cegueira, a qual é inconcebível depois de tantos e tantos séculos e em meio aos transbordamentos de amor e de luz que o Pai derramou com abundância infinita sobre vós, sem conseguir fazer com que despertásseis plenamente para a realidade da vida verdadeira e da única felicidade que, a essa altura da vossa evolução, podeis e deveis esperar.

Eu não seria o vosso Mestre e o vosso Guia de séculos se não me visse impelido pela ternura e pela piedade a insistir novamente neste chamado supremo à consciência do vosso dever, vendo-vos naufragar em meio à ansiedade e à angústia, a uma desorientação inexplicável em vós, consciência cuja rota foi claramente esboçada há tantos séculos. Não obstante, o desalento vos faz esmorecer, como àquele que ignora onde colocar o pé.

Quando será – pergunto-vos – que, tal como o Adonai dos dias de Abel, o Ananias dos livros bíblicos, vislumbrareis em entusiasmados desfalecimentos da alma a infinita pureza de Deus e pedireis ao fogo divino que abrase e consuma, como em ardente labareda, as ruindades da vossa matéria, sempre mais poderosa do que os anseios do vosso espírito, que é uma pobre rolinha aprisionada nos negros abismos da vossa cegueira e da vossa fraqueza...? E dispersos e desunidos nesta paragem da Terra, tal como em outras, por causa de interesses contrários e de concepções egoístas e mesquinhas, estão quase todos os que me amaram e seguiram durante séculos; uns por ignorância, outros por fanatismo, fecham o espírito à palavra do Mestre e correm por veredas inseguras e tortuosas que enredam e dificultam o seu próprio caminhar; apresentando diante de mim, que os contemplo como do alto de uma montanha, o doloroso espetáculo de cegos, inconscientes do que são, que se divertem brincando à beira de um perigoso abismo sem saída...! E é então que, impelido por profunda piedade e comiseração, eu vos chamo de longe com a poderosa voz do amor, buscando despertar a lembrança do que vós fostes, do que sois hoje e do que deve ressurgir em vós se de fato amais o supremo Ideal que abraçastes, se amais o vosso Mestre e a vós mesmos.

Vossas mágoas e rebeldias interiores, as desesperanças e abatimentos criados e forjados pelo ponto de vista equivocado a partir do qual contemplais a vossa vida atual, formam no vosso horizonte mental essa névoa impenetrável, essa pesada teia de pessimismo em que vós envolveis também este ser que recebe e transmite o meu pensamento e que amei há tantos e tantos séculos; também ela se esquece da sua grandeza de espírito acostumado já a subir penosas encostas com grandes sacrifícios ignorados e ocultos.

Meus amigos...! Convencei-vos de que não é a mim que deveis perguntar por que tarda a brilhar para vós o dia sereno do triunfo, da paz e da ventura pela qual ansiais, porque, embora eu seja o vosso Mestre e Guia, a Eterna Lei não me permite ultrapassar a barreira do vosso livre-arbítrio, da vossa vontade soberana, de vós mesmos, vontade que, atraída às vezes pelos efêmeros gozos da vida terrena, deixa de lado a minha eterna promessa: "Buscai primeiro o reino de Deus e a sua justiça, pois o resto vos será dado por acréscimo."

Convencei-vos de que sois os donos dos infinitos tesouros de Deus, que vô-los oferece sem mesquinharia alguma, só falta que a vossa decidida vontade diga: Quero...! e será como vós quiserdes.

A grandeza do amor divino vos cerca e imbui sem que percebais a causa da pesada rede em que vos envolvem as vossas misérias e fraquezas, sem que façais alguma coisa para eliminá-las do vosso mundo interior.

As sonoras harmonias do bosque e da água, o esplendor do céu sereno, o perfume do campo e até o balido desses animaizinhos que tanto amei em minhas vidas de pastor cantam-vos a grandeza da vossa vida, do vosso destino, do vosso passado e do vosso futuro; cantam-vos a inefável beleza encerrada em vós mesmos, que, donos dos tesouros infinitos de Deus, vivem a vida de miséria espiritual daqueles cujo atraso os torna incapazes de outras alegrias que não as proporcionadas pela satisfação dos sentidos.

Digo-vos isto porque conheço o vosso caminho de séculos e a vossa lei na hora presente: nunca encontrareis a paz e a felicidade nesta Terra se persistirdes em buscá-la entre os gozos efêmeros e grosseiros da matéria que os rodeia e envolve, algemando o vosso espírito, enquanto ele chora e geme procurando a liberdade e a luz que a vossa inconsciência lhe nega.

Que este chamado do meu amor de séculos seja um novo despertar do vosso *eu íntimo* nesta hora, que já é para vós a hora das compensações e da justiça, a hora da paz e da glória duradouras, a hora dos tesouros de Deus derramando-se, com abundância infinita, para todos os que estão em condições de recebê-los. E visto que a Lei Eterna me permitiu – mediante o esforço dos que prepararam o meu caminho – chegar a vós transpondo imensos abismos, decidi-vos também vós, com vontade categórica e forte, a romper de uma vez por todas com a maldade e a pobreza espiritual que inconscientemente forjastes em torno de vós mesmos.

Penetrai com coragem e sinceridade no mais profundo do vosso ser íntimo; desejai de fato salvar-vos de tudo o que entorpece e retarda o vosso triunfo espiritual, depois disso virá a vós todo o bem por que ansiais para o cumprimento da vossa missão nesta hora solene.

Que o estreitar das vossas mãos nas minhas desperte em vós a recordação do vosso passado, das vossas promessas, das vossas alianças espirituais antiqüíssimas, de todo esse grandioso hino de amor e fé que, diante do eterno olhar de Deus, ensaiamos pelos séculos dos séculos.

E enquanto permanecem unidas as nossas mãos, tal como os nossos corações, recolho com amor as novas promessas que agora me fazeis com o pensamento, promessas que ficam vibrando no meu ser como um prolongamento suavíssimo do hino eterno dos mundos: "Paz e Amor a todos os seres de boa vontade."

Como se Iluminam as Consciências?

Bem-aventurados os que andam pelos caminhos de Deus, porque Ele mesmo será a luz a iluminar os seus passos...! Bem-aventurados os que padecem perseguição pela causa da verdade e da justiça, porque o próprio Deus será seu defensor...! Bem-aventurados os que, secando suas lágrimas, bendizem a Deus em meio à dor, porque Ele reivindicará o direito de glorificá-los e consolá-los...!

Ó meus filhos, vós que no retiro e no silêncio buscais a onda de paz e de amor que vossos amigos invisíveis estendem sobre vós como um suave manto de flores eternas, ficai cientes de que já soou o primeiro chamado da Justiça Divina, tanto para os que tudo sacrificaram pela causa da Verdade como para os desventurados que, buscando sufocá-la debaixo da montanha secular de suas ambições e egoísmos, semearam morte e desolação.

Longos séculos de misericórdia e de piedade infinitas...! Longos séculos de insistentes chamados dos mensageiros divinos às portas da humanidade...! Longas eras de aprendizado para os espíritos novos que formaram a humanidade deste planeta...!

Tudo isso já passou como um sopro, na eternidade de Deus...! Como um sopro que, vibrando, permanecerá eternamente nos incomensuráveis planos da luz que nunca se apaga!

Um novo horizonte desponta, diáfano e puro, para aqueles que, esforçados e perseverantes, percorreram os ásperos caminhos que levam à purificação espiritual...! A hora da Justiça e da Verdade soou...! O Amor e a Glória desfolham suas flores eternas sobre a cabeça dos imolados, dos sacrificados, dos puros de coração, dos que buscaram a Deus através de suas angústias, de suas agonias, entre torturas do corpo e torturas do espírito!

E eis que Eu, anjo de amor e de paz, água de misericórdia e de piedade... beijo de ternura e de amor do Pai Universal sobre os homens desta Terra durante tantas eras, serei agora raio de justiça, relâmpago de terror e de espanto para aqueles que, endurecidos na iniqüidade, cristalizados no dogma que aprisiona os espíritos, fecharam tenazmente os ouvidos à Verdade de Deus trazida por mim em tantas vidas de sacrifício a fim de erguê-los de sua prostração e atraso... Está soando a hora em que o Messias do Amor cederá lugar à Justiça Eterna, cuja flamejante espada afastará desta Terra, para purificá-la, todos aqueles que sobre ela só viveram para afogá-la em lágrimas e em sangue, em erros e em crimes, na baixa e iníqua moral emanada da força que não reconhece outro direito nem outra lei senão os de sua própria vontade.

Meus filhos, vós que na dor e no desamparo buscais no espaço infinito o pensamento de amor do vosso Mestre...! Seu pensamento responde-vos nesta hora, como o sereno resplendor da Luz Divina que ilumina o caminho que deveis seguir; esse caminho que foi percorrido por todos aqueles que um dia estabeleceram comigo a sublime aliança da redenção humana...! E esse resplendor, que é verdade e é Lei Eterna, vos diz que não é com o brilho das grandezas materiais, nem com a efêmera atração das coisas perecíveis que se iluminam as consciências e se guiam os espíritos na direção de horizontes de paz e de felicidade; isso é feito com a abnegação e com o sacrifício, com o domínio de todas as paixões e com o exuberante florescimento das mais excelsas virtudes!

Bela é a palavra enunciada por lábios fervorosos na onda musical de uma oratória que subjuga e arrasta, mas é divina a palavra de verdade vivida e sentida, palavra que palpita nas ações, nos pensamentos e nos desejos daqueles que, tendo chegado a compreendê-la, têm a coragem de praticá-la sem vacilações nem ostentação.

Que seja este o vosso apostolado: o das ações, de maneira que, quando o mundo vos ouvir falar de tolerância, vós saibais já tolerar sem protestos nem queixas; quando falardes de perdão das ofensas, tenhais já perdoado setenta vezes sete; quando falardes de caridade fraterna, tenhais enxugado mais lágrimas do que as que os vossos olhos derramaram; e quando cantardes hinos ao Amor, tenhais sido capazes de amar acima de todas as coisas...! Só assim se ensina com eficácia os seres...! Só assim se erguem as humanidades e se redimem os mundos...!

Vinde, pois, comigo aos tranqüilos campos da Verdade que é Luz e é Amor, se vos sentis fortes para fazê-lo; mas, antes de começar a semeadura, certificai-vos de ter sementes bastantes para que no meio da tarefa não fiqueis de mãos vazias...

Vivei esperando a hora da justiça e da glorificação, porque *se em vós estão a justiça e a verdade de Deus*, eu vos digo: aquele que vos ouvir a Mim ouvirá; aquele que vos perseguir a Mim perseguirá, e seus passos o conduzirão ao abismo.

Peço ao Pai Universal, para vós, a Luz, a Paz e o Amor.

Para Aprimorar e Corrigir em Nós o Eu Interior

Paz, esperança e amor sobre todos os seres.

Vamos desenrolar esta noite um rolo de pergaminho do Mestre Antúlio.

Eu, que por tantos anos fui seu secretário particular... fala-lhes o vosso irmão Hilkar... quantas vezes desenrolei seus papiros para ler aos alunos os seus ensinamentos. Havia os ensinamentos que tínhamos de dar aos alunos da confraria; havia aqueles voltados para os que assistiam às aulas; mas eram muitos os ensinamentos que devíamos ler para aprimorar e corrigir em nós o EU interior que nos anima. Um destes é o que vamos ler esta noite.

É uma norma, a mais eficiente, para "formar a abóbada psíquica" do templo de sabedoria, de paz e de amor que queremos construir.

Não julgueis que é fácil aprimorar essa psique. É obra de muitos anos, de muitos séculos até; passam-se vidas aprimorando essa estátua invisível e formada de matéria tão sutil que, por essa mesma razão, apresenta dificuldades ao artífice que deseja imprimir nela uma perfeição.

Ensinarei um dos métodos que o Mestre Antúlio nos transmitiu. Em primeiro lugar, está a vontade decidida.

Disse o Supremo Criador: "Façamos o homem à nossa imagem e semelhança." Devemos copiar em nós mesmos as qualidades mais perfeitas da Divindade.

Mas, como estamos no final do ciclo e é urgente o término da tarefa, vossos irmãos do espaço estão cientes da necessidade de apressar o vosso aperfeiçoamento e buscam os meios de consegui-lo.

Na meditação da noite, antes de dormir, durante quinze minutos, analisar e examinar detidamente as ações do dia que acaba de transcorrer. Que o último pensamento seja o de pedir luz para que possais conhecer a vós mesmos.

Não podeis imaginar, nem avaliar, a eficácia desse método para uma pessoa descobrir suas próprias deficiências, porque a alma se exterioriza em cada palavra, em cada ato que realizamos.

A alma, se é sincera diante de Deus e consigo mesma, descobre de imediato todas as ações e pensamentos que não estão em conformidade com as condições de pureza e santidade exigidas pela construção de um abóbada psíquica que se queira formar.

Imaginai que os Círios da Piedade, com todo o seu amor, estendem dos céus infinitos suas redes tecidas de amor, de fé, de consagração à Divindade, unidos a seus irmãos, que desejam abrigar-se sob essa abóbada psíquica protetora e benéfica.

Pois bem, como a criatura humana deve responder?

Ela deve fazê-lo com sua vontade de se purificar e de se tornar a cada dia mais semelhante à Divindade em todos os seus atos.

Esse é o trabalho que deveis fazer se quiserdes entrar em harmonia com os anjos de Deus, no esforço conjunto de amor e de fé que quase obriga a Divindade a derramar-se sobre esse grupo de seres que assim a atraem e a chamam.

A Divina energia anseia por doar-se, às vezes sem encontrar um canto da terra onde derramar a grandeza do seu amor, do seu poder infinito e da sua divina bondade.

Ora, procurando fazer o apostolado da oração e o exame das obras de cada dia, a alma encarnada pode conseguir esse grau de purificação que a dota do poder de transmitir a saúde aos doentes incuráveis, de resolver graves problemas individuais ou coletivos e de evitar crimes espantosos.

O Divino Mestre dizia aos seus: “Se tiverdes no coração tanto amor quanto existe no meu, podeis realizar as mesmas obras que Eu realizo.”

Tende fé e confiança no método que vos anuncio, procurai pô-lo em prática todas as noites e vereis como, dia a dia, o vosso mundo interior vai melhorando e adquirindo novas aptidões e capacidades. No final, vereis a vossa alma tão diáfana, tão leve, tão plena de vontade e energia que vos será fácil aperfeiçoar os traços que desejais esboçar, a estátua que procurais aprimorar, de maneira que corresponda aos anseios e à imagem que tendes dessa perfeição divina a que quereis chegar.

Que minhas palavras vos sirvam de alento e estímulo para iniciardes a grande tarefa que os leve ao apogeu da vossa obra. Toda alma encontra tudo o que desejou na união perfeita com a Divindade.

Que nosso Mestre vos ilumine e vos estimule com o poder supremo do Amor Eterno nesse apostolado da oração e exame da vossa vida interior, que tem como objetivo o aperfeiçoamento da vossa psique, cativa dentro de vós.

Até sempre.

A Preparação do Horto Interior

Paz, esperança e amor.

Falo com amigos de *Harpas Eternas* reunidos neste recinto para formar nas heróicas fileiras da "Fraternidade Cristã". Digo heróicas porque haverá vezes em que tereis de esquecer vossos desejos e gostos para pensar no dever que tendes para com os outros.

Sou um velho essênio, vosso companheiro de eras longínquas; minha linguagem severa e áspera talvez crie diante de vós um duro contraste com a doce melodia do nosso irmão Hilarião, que é uma harpa viva da legião dos Amadores. Com certeza vos lembrareis daquele ancião Tholemi que, no santuário do Tabor, descerrou diante de Jhasua adolescente o grande véu que oculta às almas recém-chegadas a este plano as espantosas trevas da vida, seus terríveis precipícios, suas tremendas encruzilhadas e os possíveis tropeços que às vezes fazem fracassar até os espíritos mais esforçados e corajosos.

O Menino-Luz tremeu como um passarinho assustado diante do horrendo panorama que minha austera palavra de lutador com bravias tempestades esboçava diante da sua visão, a tal ponto que ali mesmo surgiu em sua mente a idéia de encerrar-se para sempre nas grutas do Tabor.

Se isso acontecesse convosco, eu vos diria o que disse a ele: Não é na reclusão perpétua que se semeia a semente de Cristo, mas em meio aos semelhantes, perturbados pela incerteza nas trevas do extravio e da ignorância, aos quais foram levados, cegos por outros cegos, a quem, por sua soberba, foi retirada a Luz Divina, segundo a palavra profética do nosso Divino Mestre.

Nosso irmão Hilarião, com sua palavra sutil e melodiosa como uma música celeste, esboçou-vos na noite passada o que é esta "Fraternidade Cristã" que criastes neste local da Terra, com vistas a difundi-la para todas as partes onde palpitam corações humanos; e, através de sua elegante frase de poeta, imaginastes um vergel povoado de flores e de essências à luz resplandecente de um novo amanhecer cheio de esperança e de promessas magníficas. E assim será, com efeito, se estiverdes resolvidos a que assim seja.

Porém, meus amigos, as mais belas criações exigem também grandes e até heróicos esforços, e é a partir dessa faceta do prisma maravilhoso que o vosso irmão Tholemi os levará a ver o quadro da nossa Fraternidade Cristã nesta noite em que a Divina Lei me permite chegar a vós como um companheiro da longa viagem. Eu a fiz antes de vós e ainda me falta muito por andar; as experiências recolhidas são como flores de luz que iluminam o meu caminho e que podem iluminar também o vosso, já que antigas alianças nos unem no infinito seio de Deus.

A "Fraternidade Cristã" não é uma Instituição com fins de divulgação pública no exterior nem com aspirações de engrandecimento material de qualquer tipo.

É uma escola essênia, silenciosa e mística, de meditação e cultivo interior individual, em que cada alma, a sós com Deus, resolve seus problemas íntimos com base nessa sincera lealdade que a faz reconhecer as próprias deficiências e buscar, na infinita Bondade de seu Pai Criador, a luz e a força para redimir-se a si mesma.

O Cristo Divino sacrificou-se há vinte séculos pela redenção dessa humanidade que, em sua grande maioria, continua escrava da incompreensão e da ignorância da Divina Lei. Essa ignorância e essa incompreensão são os grilhões de ferro que a arrastam inelutavelmente à dor.

Eis o propósito da nossa Fraternidade Cristã, silenciosa e mística, meditativa e solitária: dar-vos a mão e conduzir-vos como uma doce mãe que deseja que seus integrantes sejam bons, perfeitos e felizes. E sua mão suave e cálida, de amores maternos, indica-vos o vosso horto interior, vosso jardim oculto, que talvez receba poucas visitas vossas, absortos que sempre estais pelas exigências cada vez maiores da vida material a que sem dúvida dedicais todas as vossas atividades e energias.

Será que esquecestes que o Pai Criador vos concedeu o precioso dom de um horto divino para cultivar, horto que deixais tristemente cobrir-se de abrolhos e de espinhos, transformando-o num lugar que só os mochos e os répteis poderiam habitar?

A alma humana, faísca divina emanada de Deus, chora silenciosamente, agrilhoada pelas duras exigências da matéria, e, como um prisioneiro, busca sua liberdade em horizontes de luz e de amor, com fontes claras para beber, oásis de sombra fresca que a amparem dos vendavais de fogo com os quais a vida a açoita.

Nossa Fraternidade Cristã vem criar para vós esses oásis de suave frescor, essas fontes de águas claras que aplaquem a vossa sede; esses hortos silenciosos e místicos que o vosso Eu íntimo, senhor da vossa vida, livrará de abrolhais e de espinhos, limpará de ervas daninhas, revolvendo a terra até o fundo para semear a semente de Cristo, a Divina Lei gravada a fogo em nossa própria vida, como um decalque maravilhoso que fará surgir em torno de vós as flores divinas da paz, da saúde, do amor, da amizade, enfim, essa divina fraternidade há tantos séculos esboçada por Cristo e ainda não realizada sobre esta Terra.

São esses os programas da nossa silenciosa Fraternidade Cristã.

Muitas instituições ideológicas povoam o campo espiritualista, dedicando todas elas seus talentos e energias à difusão de teorias mais ou menos elevadas e em conformidade com as Verdades eternas, com o desejo de descerrar os véus de ignorância que ainda mantêm esta humanidade na sua infância.

Sem opor-se de modo algum a essas nobres atividades, nosso humilde grupo de almas dá um passo adiante, um passo mais seguro, a meu ver, na direção das realizações buscadas.

Trata-se do cultivo individual de cada alma, que se aproxima com firme e decidido anseio do seu próprio aprimoramento, da sua própria elevação moral e espiritual, para capacitar-se assim a colaborar no progresso e elevação da humanidade.

O bom hortelão que limpa e cultiva seu horto, rega sua plantação e, com a tesoura na mão, poda sem medo suas árvores de rebentos inúteis e daninhos, preservando-as das geadas que queimam e dos fortíssimos ventos que desgalham e destroem, é o único que poderá oferecer aos viajantes cansados da vida a beleza de suas flores e a doçura de seus frutos para saciar a fome e a sede daqueles que, absorvidos pelas dissipações de uma vida voltada para fora, sem a luz de ideais superiores e sem finalidades que transcendam o perecível e instável, estão com o coração vazio e seco, esgotado por anseios insatisfeitos, à beira de um poço sem fundo que nada consegue preencher.

Irmãos da Fraternidade Cristã que ouvis em silêncio este velho essênio, vosso companheiro que os precedeu nos caminhos eternos: decidi-vos de uma vez por todas.

Com a porta do vosso horto interior fechada, examinai com seriedade os vossos problemas mais íntimos – pois essa é a finalidade da oração silenciosa individual. E quando tiverdes descoberto, à luz da tocha do Cristo Divino, que espinhos devem ser arrancados pela raiz, que árvores devem ser podadas, que sarçais devem ser queimados e destruídos, tende a coragem da sinceridade e da lealdade para convosco mesmos; lealdade com relação ao Mestre Divino a quem estais ligados há longas eras e que sem dúvida espera que, ao término deste ciclo de evolução, entreis na gloriosa frente avançada da humanidade do futuro, na qual florescerá o amor fraterno, tal como Ele o sonhou há tantas eras passadas.

Sois hortelões do vosso jardim interior, que por certo espera a vossa decisão, a vossa solicitude e os vossos dedicados cuidados para produzir cem por um, segundo a clássica frase do Divino Mestre.

Ele contemplará o vosso trabalho, incentivará os vossos esforços e, quando desfalecerdes na penosa luta com a esterilidade do terreno, com o vigoroso crescimento de espinhos e matagais, com os ventos de fogo de indomáveis paixões e de ferozes egoísmos, do alto do seu céu de luz e de amor, Ele vos envolverá piedosamente em sua ternura de amigo eterno que sabe valorizar os esforços da alma encarnada para libertar-se do cativeiro e elevar-se à altura de seu eterno destino.

Que Ele seja o vosso amparo e a vossa força na pesada tarefa que começastes com vistas à vossa purificação. Que a paz esteja convosco.

O Caminho Unilateral

Paz, esperança e amor sobre todos os seres.

É na grandiosidade do silêncio que ressoa o concerto das almas entregues à Divindade, e vossos amigos do mundo espiritual recolhem os vossos pensamentos e sentimentos para formar a abóbada psíquica que os protegerá.

Vou fazer-vos o relato da dor sofrida por outras pessoas, antes de vós, para realizar uma obra como essa.

Depois da morte violenta de seu Mestre, o discípulo que o amava reuniu precipitadamente numa pequena mala os escritos que tinha, guardou o manto do mestre e fugiu no primeiro barco. Dáctylos foi-se com aqueles escritos que formavam o arquivo do Grande Antúlio da pré-história e desembarcou em Ática, sem levar nada senão o manto e a maleta. Sem saber que caminho tomar, embrenhou-se num despenhadeiro da montanha, onde escondeu seu tesouro.

Dáctylos era o discípulo que fora secretário particular do mestre e que sempre perguntava "Senhor, que queres de mim?" Não tardou a ouvir um choro de criança por detrás de uma moita e, dirigindo-se a ela, encontrou um menino esfarrapado e faminto que chorava desesperadamente.

O menino lhe disse que era filho de escravos e que havia outros refugiados nas cavernas da montanha. Dáctylos foi reunindo-os e deparou com cinco meninos mais ou menos no mesmo estado, embora nem todos fossem filhos de escravos. E pensou: "Todas estas crianças são a resposta que o Mestre me dá."

Essa foi a origem dos dáctylos da Ática pré-histórica, origem da Grécia atual, já em decadência; da Grécia que deu exemplo ao mundo inteiro na ciência e nas artes.

Fiz-vos este relato para que vejais de que modo começam as grandes obras de Deus.

Ao contrário de Dáctylos, sabeis o que se espera de vós. Todos sentis uma força oculta que vos impulsiona e diz: a obra é alicerçada sobre os seres, como sobre colunas fortes e firmes.

Não tendes outra bússola senão o amor de Cristo, que não vos fará naufragar.

Eu vos ditei os Sete Portais. Já realizastes o primeiro, o do amor fraterno. O segundo portal é o da castidade, ou seja, o domínio do espírito sobre a matéria.

Não o realizareis à custa de macerações. A matéria dada por Deus é como um auxiliar do espírito. Não pode ser dominada por brutalidades, mas com a grandeza do espírito, com a inteligência posta a serviço da obra de Deus. Mas nada de jejuns nem de macerações que possam prejudicá-la.

É a oração, a meditação, a fuga de oportunidades e lugares em que os sentimentos se excitam, a fuga das leituras perniciosas, eróticas, que exacerbam o espírito, levando-o a desejar o que é proibido. A leitura séria e as boas companhias constituem aquilo que ajuda a chegar a Deus.

Estes são os meios que devem ser usados para dominar a matéria.

Não queirais supor aqui que a Lei Divina seja como o dizem as igrejas. A matéria, em determinados seres, precisa realizar suas funções.

Para julgar vosso comportamento, levai em conta o "não faças ao teu irmão o que não desejas que se faça a ti"; assim, neste assunto de que devo falar veladamente, tende por norma essa frase.

Nós, que seguimos o caminho espiritual da vida contemplativa, em escolas destinadas ao cultivo interior da alma, compreendemos que o nosso caminho é unilateral, tal como o trilhou o Cristo, do começo ao fim: a fraternidade universal, o amor fraterno acima de todas as coisas: esse foi o caminho do Mestre.

Alguns fazem dos signos do zodíaco o guia de suas forças espirituais, que consideram relacionadas com a humanidade, e estão equivocados. Estariam mais certos se se perguntassem: Quem sou eu? Para que vim a este mundo?

Que relação têm os signos do zodíaco com o cultivo interior das almas? O mesmo acontece com o plenilúnio, que tem influência sobre a matéria mas não sobre o espírito. Esses conceitos errôneos estão desviando quase todas as escolas, grandes ou pequenas.

Vós deveis seguir *o caminho unilateral*, para favorecer o cumprimento da promessa divina em vós mesmos: "Se vos amardes uns aos outros como eu vos amo, meu Pai e Eu viremos ao vosso coração e nele estabeleceremos nossa morada."

Essa é a força que certos espíritos adquiriram mediante sua entrega à divindade para pacificar os gritos da matéria e também para ajudar os outros. É esse o caminho que deveis trilhar.

Nós seguimos *o caminho unilateral* nesta Terra, que será habitada por seres que já compreendem a Lei do Amor.

Levai em conta que a alma é fraca enquanto está na matéria. Na oração, buscareis o conhecimento de vós mesmos e dareis cumprimento ao segundo portal. Neste ponto, quero que tenhais toda a tranqüilidade. A Lei Divina não leva em conta as faltas por fraqueza da matéria; quem as considera é a própria alma porque vê retardados os esponsais com a Divindade, bem como a aquisição de poderes para anular enfermidades, as pestes das plantas, etc.

Que minhas palavras possam dar-vos a fé e a confiança de que realizais uma obra de Deus. Realizá-la-eis por meio do amor ao próximo e do cultivo do vosso horto interior.

Até sempre.

Os Múltiplos Caminhos de Deus

Paz, Esperança e Amor sobre todos os seres.

Vosso irmão Hilarião toma a palavra nesta tarde com uma finalidade expressa, e procurarei entrar em harmonia com todas as vossas mentes.

Como sabeis, é um sentimento comum o de que nossa obra *Harpas Eternas* teve e tem a capacidade de ir semeando a paz, a harmonia, a concórdia, a quietude interior em todas as almas; eu também o creio, porque visito, um a um, todos os lares que possuem *Harpas Eternas*, nos quais ela é lida com amor e se pode comprovar que, com efeito, assim é; nosso livro é, na verdade, uma tela no qual procurei esboçar ao vivo a imagem do nosso Divino Mestre. Essa imagem sua, como se fosse um reflexo do seu próprio coração, é que leva a paz, a harmonia e o amor a todos os lares em que esse livro é lido com amor.

Ora, se *Harpas Eternas* teve e tem essa capacidade, farei esta tarde um esforço a mais a fim de que desapareçam por completo algumas incompreensões que podem distanciar um coração de outro.

Demos graças ao Divino Doador de todo bem por ter dado ao vosso irmão Hilarião essa capacidade de unir os corações, de semear rosas de amor, de paz e concórdia em todos os que lêem o nosso livro.

Creiam, pois, na palavra do vosso velho amigo. Sinto-me querido por todos vós, porque todos lêem com amor o nosso livro.

Como era necessário que algum nome aparecesse na primeira de suas páginas, foi escolhido o meu. Bendita seja a vontade da Eterna Lei que assim o desejou, porque isso me trouxe todo o vosso amor; parece que, ao pôr o meu nome nessas páginas, eu me tornei o eterno devedor de todos vós, porque todos puseram algo do seu coração e do seu amor sobre o nome de Hilarião de Monte Nebo. Sou muito grato a todos vós pelo carinho que me dispensais. Sinto-me muito velho ao vosso lado. A todos me apresento na encarnação de Hilarião de Monte Nebo, com noventa e dois anos, tendo o Menino Jesus sobre os joelhos, no santuário do Monte Hermon, como todos lestes em *Harpas Eternas*.

Imaginai, pois, o ancião já vergado pelo peso de seus muitos anos e pensai que me tendes neste momento diante de vós, que eu falo confidencialmente ao coração de cada um, com todo o amor e toda a ternura que a Lei Divina teve por bem pôr no meu coração.

E vou falar-vos confidencialmente nesta tarde. Vamos meditar juntos sobre os diferentes caminhos de Deus, sobre as múltiplas veredas que a Lei Divina, mãe bondosa de todos, abre em meio ao mundo, em meio à humanidade, para que cada ser possa escolher a sua, para que cada ser possa escolher o caminho mais adequado aos seus sentimentos.

Cada alma, como sabeis, veio dotada de determinadas faculdades espirituais, de determinados dons. Nenhuma alma se acha desprovida dos dons divinos, porque Deus concedeu a cada uma a sua parte no concerto das almas; cada um tem um sentimento próprio, um pensamento próprio, a sua maneira de ver e apreciar as coisas.

Todos – sobretudo os que quiseram seguir uma vida espiritual, como ocorre convosco aqui presentes – ouviram, em determinado momento, a voz divina que lhes disse ao ouvido qual o caminho a seguir.

Alguns de vós a ouviram mais claramente do que outros, no turbilhão da vida de seus próprios afazeres e fainas; outros, talvez, não o tenham sentido com tanta intensidade e por isso nós, os Guias da Fraternidade Cristã, os convidamos a orar, a fazer ao menos de cinco a quinze minutos de meditação justamente com essa finalidade, para que cada um ouça a voz divina que o leva pelo caminho que marca a rota de seus sentimentos, de seus desejos e do seu modo de sentir e de interpretar o amor fraterno.

O amor fraterno que o nosso Divino Mestre tanto nos recomenda pode manifestar-se de múltiplas maneiras. O amor é algo tão grandioso e sublime – como o próprio Deus – que por isso disse de si mesmo: "Deus é Amor."

Assim sendo, ele tem múltiplas formas de se manifestar, da mesma forma que a divina majestade de Deus, que é incompreensível à mente humana e que pode manifestar-se de modos diversos e múltiplos, pois cada um a sente à sua maneira. Recordai, se não a história longínqua da humanidade, pelo menos os primeiros tempos, quando alguns encontraram a Deus no Sol benéfico que inundava a Terra e fazia crescer e frutificar as árvores, a semeadura, tudo o que existe no universo.

A humanidade acreditou que isso era Deus, e adorou o Sol.

A Lua é outro astro que às vezes está vinculado com as sementeiras, com a vida humana de diferentes modos; a Lua cheia também tem seu efeito sobre a Terra, tendo sido igualmente adorada como uma deusa benéfica; o mesmo ocorreu com todas as coisas de que a humanidade sempre precisou em função de adorar algo superior, porque trazia em si mesma a certeza plena de que algo superior que flutua acima de todo o universo merece a nossa atenção.

Ora, esse amor que é Deus, que emana de Deus, tem diferentes formas de se manifestar. Para alguns, a caridade ou o amor fraterno se manifesta em vestir os desnudos. Eles vêem um ser esfarrapado e andrajoso, o coração estremece-lhes no peito e correm a preparar roupas para vestir os que delas precisam; outros vêem seres esquálidos que passam pela vida demonstrando no semblante, em todo o seu aspecto exterior, a fome, a necessidade de alimento – que é uma forte necessidade da vida humana terrena –, e correm o máximo possível para satisfazer essas necessidades. Outros seres, nesta época mais do que em nenhuma outra, carecem de teto e de abrigo, sentindo-se os corações cristãos forçados e obrigados a buscar para eles um amparo, um teto que os acolha. Tudo isso é amor fraterno, são manifestações desse imenso amor divino que é Deus no coração dos que amam.

Todos sentis algo dessa vibração de amor, algo dessa necessidade suprema de socorrer, de doar-se de uma forma ou de outra; tudo isso se engloba no âmbito das manifestações do amor fraterno e compraz imensamente o coração do nosso Divino Mestre. Vós, que sentis isso, estais dentro da Lei Divina. Cristo abraça-vos a todos com imenso amor, porque cada um sente uma parcela do imenso e infinito amor fraterno que o Cristo tem em seu coração por todas as dores humanas.

Expliquei o que significa o amor fraterno no que diz respeito ao socorro das necessidades materiais dos irmãos.

Esse socorro está dentro da lei do amor fraterno e, portanto, dentro do imenso coração do nosso Mestre, que se condói de todas as dores, de todas as nossas necessidades; ele quer de fato que todas elas sejam consoladas e sanadas. Oxalá houvesse milhares de corações que sentissem a necessidade de se doar em socorro daqueles que disso precisam.

Mas há também outra forma de manifestar amor aos nossos semelhantes. Assim como há dores físicas, necessidades físicas de roupas, de teto, de alimento, de luz, de fogo, de calor, assim também há necessidades morais imensas, almas que choram em silêncio suas lutas morais e suas dificuldades supremas; as que pranteiam a solidão do coração porque os entes queridos não são amorosos e esquecem aqueles que lhes deram a vida, o amor, a amizade, o carinho sob todas as formas; há seres que se vêem negligenciados por aqueles que amam, sendo isso uma tortura imensa em seu coração; a solidão do coração que sofre muito é uma tortura moral imensa que talvez não conheçais vós que tendes uma esposa ou esposo, pais ou irmãos que vos amam e vos oferecem seu carinho. Mas há muitos seres, muitas almas solitárias que não têm nenhuma vibração de amor em torno de si, há almas que têm dúvidas imensas como abismos, que suscitam em seu coração um desespero tremendo e correm desoladas pelo mundo sem se sentirem compreendidas por ninguém. Existem almas que sentem um anseio supremo pela Divindade, supremas ânsias de Deus, de águas de vida eterna que aplaquem sua sede; há, como vos digo, corações sedentos da Divindade, que buscam ansiosamente a comunhão íntima com a alma de Cristo.

A comunhão íntima com a divindade é outro modo de manifestar o amor fraterno.

Dedicar toda uma vida a escrever obras que satisfaçam esses anseios das almas que buscam a divindade, que buscam a verdade passada, presente e futura; almas que anseiam por saber como foram as origens da evolução humana, como teve início a vida no planeta Terra, como começou esta humanidade; almas que querem saber como é e como foi a vida de Cristo no princípio de sua evolução em outros planetas mais adiantados do que a Terra. Enfim, não sei se sois capazes de compreender as supremas ânsias das almas que não buscam soluções materiais, porque já dispõem de tudo; elas não precisam de teto, de pão, de abrigo nem de alimentos, porque tudo receberam como dons de Deus, mas precisam de alimento espiritual, seja na forma de conhecimento científico, seja como conhecimento de ordem moral e espiritual, sejam, por fim, consolos espirituais para suas desolações interiores, imensas, que não podem se expressar em palavras.

Ora, essas almas que mendigam amor, que mendigam luz, sabedoria, conhecimento, precisam do amor fraterno. Cristo e seus mensageiros têm de responder também a essas necessidades. É outro caminho aberto pela Lei Divina para as almas que, por diversas circunstâncias especiais da vida, já não podem dedicar-se à satisfação das necessidades materiais, seja por falta de força física, pela pesada carga dos anos ou simplesmente por ser esse o caminho espiritual que lhes abre a Lei Divina: o de ser instrumento de recepção, de captação das ondas dos planos espirituais, que querem derramar sobre a Terra as bondades divinas para atender às necessidades das almas que buscam na divindade, na plenitude da divindade, as belezas, as satisfações e os conhecimentos que não puderam encontrar em nenhum outro lugar.

Bem, vosso irmão Hilarião pediu à Lei Divina nesta tarde que vos leve a compreender os múltiplos caminhos que a Divindade abre a todas as almas, a fim de que todas possam cumprir a Lei do amor fraterno; cada uma segundo a esfera, a forma, o modo, a capacidade e os meios que têm para realizá-lo.

Vós que vos sentis chamados a cumprir a ordem da Lei Divina, satisfazendo as necessidades corporais de tantos irmãos desprovidos de teto, de alimento, de roupas, de tudo de que o corpo precisa, fazei-o, porque estais dentro da Lei do Amor Fraterno e dentro do coração de Cristo, que abençoa vossos esforços. Vós que vos sentis chamados a escrever livros científicos e artísticos ou artigos para iluminar as consciências e as almas com referência a determinados pontos ainda obscuros para a humanidade, fazei-o; também vós estais dentro da Lei do amor fraterno, dentro do coração do Cristo, que ditou na personalidade de Antúlio obras científicas, como o faz com o nosso grande irmão Pietro Ubaldi, residente no Brasil, que se dedica a escrever obras científicas espirituais para a iluminação dos seres que chegaram a essa capacidade e precisam desses conhecimentos. Esses ditados lhe vêm do Divino Mestre na personalidade de Antúlio, que foi filósofo e cientista renomado.

Pois bem, é esse um outro caminho da Lei Divina que está dentro do amor fraterno e dentro do coração de Cristo, porque não somente as necessidades materiais devem ser solucionadas com o amor de uns pelos outros, mas também as necessidades do espírito.

Acaso já pensastes que a maioria dos suicidas que cometeram o tremendo desacerto de tirar-se a vida o fez por essa falta de iluminação interior, pela ausência de uma voz que os fizesse compreender o que é a vida espiritual, o que é a verdade de Deus e como se devem entender as coisas espirituais mais elevadas? Muitos o quiseram. Conheço muitos; um deles se manifesta de vez em quando na nossa intimidade. Seu nome é Carlos e ele foi um suicida de 21 anos, tendo levado já três vidas de suicida, precisamente por falta dessa iluminação interior, de alguém que lhe decifrasse ou lhe respondesse às dúvidas do espírito, que o levavam a duvidar da própria Divindade, dadas as injustiças que ele via e sofria na vida terrestre. Como vocês vêem, também a iluminação interior por meio dos seres que se dedicam a escrever obras mediúnicas superiores entra nos caminhos de Deus e está no âmbito da lei do amor fraterno. Cristo abençoa também o vosso caminho.

Deveis meditar sobre todas essas coisas e compreender que as palavras do vosso irmão Hilarião, nesta tarde, vêm precisamente para que compreendais os múltiplos caminhos de Deus e para que nunca passe pela vossa cabeça a idéia de que os que se dedicam a obras diferentes das que vós sentis no coração como uma necessidade se desviaram do seu caminho. Lembrai-vos de que seus caminhos são outros; eles percorrem outras trilhas, são irmãos que seguem por outras veredas, mas que não se opõem a vós; tampouco deveis considerá-los contrários às vossas obras de beneficência e de amor, mas apenas irmãos que a Lei Divina leva por caminhos diferentes, e que, no final das contas, todos vós vos encontrareis ao redor do Mestre, que vos dirá a todos por igual (tanto aos que se dedicaram a obras de socorro material como aos que se consagraram ao socorro espiritual das almas): "Vinde a mim se tendes paz no coração; todos os vossos pecados vos são perdoados, porque amastes muito."

Que a Luz do Divino Mestre ilumine a vossa mente. Este é o desejo do vosso irmão Hilarião.

Até sempre.

As Sendas do Infinito

Que a Luz Divina esteja entre vós, visto que para buscá-la vos reunis.

Buscar a Luz Divina, buscar o resplendor divino, buscar o conhecimento divino.

Grandioso ideal o vosso e mais grandioso ainda se tiverdes a perseverança de continuar nessa busca gloriosa. A meu ver, não existe nada maior para uma alma do que o afinco, a tenacidade, a perseverança em buscar a luz divina, porque daí emana todo o bem, toda a justiça, toda a grandeza das vidas humanas que se vão desenvolvendo sob a grandiosa resplandecência da luz divina.

Em minha última vida terrestre, entre os manuscritos, entre as páginas que rascunhei e que depois chegaram a ser livros, tenho um que intitulei *A Senda nas Montanhas*. Trata-se de algo que julgo agora, para dizer a verdade, bastante insignificante, porque desde que deixei a última matéria de que me revesti compreendi muitas e grandes coisas tanto no que se refere à minha lei, como aos acontecimentos e às oportunidades.

Se eu agora escrevesse outro livro no qual esboçasse os caminhos humanos, não o denominaria *A Senda nas Montanhas*, mas *As Sendas do Infinito*, título que seria mais próprio, mais verdadeiro e mais adequado à realidade.

Agora compreendo, tal como vós compreendereis quando deixardes a vossa pesada matéria. Compreendereis as sendas do infinito.

Visto que falais em uniformidade de pareceres, de opiniões e de pensamentos, à medida que avançais na evolução e no conhecimento, também nisto estareis de acordo comigo: segundo me parece, para as almas, as sendas do infinito são também infinitas, e aquilo que constitui a senda de um não é a senda do outro, pois essas sendas foram escolhidas por nós mesmos ou impostas pela lei superior – se ainda não somos capazes de escolher o nosso caminho – há muitos séculos ou eras.

Esse é o panorama que observo desde a minha última desencarnação, desde que tive a lucidez necessária para compreender a paisagem eterna, o panorama eterno que se oferece à visão do espírito perscrutador situado numa perspectiva e num ponto de vista favorável para abarcar multidões de almas e compreender os pensamentos, os ideais, os anseios de todas elas. Na verdade, sei que a minha senda do infinito será, na próxima vida, como uma continuação das anteriores.

Se nas vidas precedentes me ocupei das pequenas coisas da natureza – das flores, das abelhas, dos insetos em geral, das mínimas manifestações da natureza –, nas quais minha alma também encontrava a grandeza infinita dessa inteligência universal, criadora, conservadora e renovadora de todas as coisas, na próxima vida, que não sei quando será, passarei das pequenas criaturas de Deus – tais como as flores e os insetos – a estudar as almas humanas em seus variadíssimos aspectos, em suas variadíssimas formas, caminhos e ideologias.

Quando ouvi o chamado de um dos vossos amigos do espaço infinito para que viesse encontrar-me convosco e ter esta conversa, senti-me intimamente satisfeito, porque, uma vez que aqui no espaço nos entendemos pelo pensamento, aquele que me convidou a vir me avisou de antemão que eu me sentiria feliz no meio de vós porque sois estudiosos, tolerantes e já chegastes a um grau de evolução em que respeitais profundamente o sentimento e o pensamento de cada um. Eis aqui, digo eu, o pórtico de entrada para os grandes conhecimentos.

Eu que no mundo espiritual observo os caminhos das almas, cheguei a compreender essa infinita escala da evolução dos espíritos. À medida que se avança no conhecimento divino, à medida que se estudam as leis criadoras que regem as esferas, os mundos, o éter dessas esferas, a atmosfera, tudo o que se relaciona com o universo em geral, à medida que se progride nesses grandiosos conhecimentos, a alma compreende também o tema das infinitas sendas que existem no mundo, no universo, no cosmos.

Dificilmente se encontram no espaço infinito, nos mundos, nas esferas – quer se trate de morada de humanidades inferiores, quer de humanidades depuradas –, dificilmente se encontram duas inteligências que vibrem da mesma forma, que se iluminem com os conhecimentos superiores do mesmo modo e abarquem os céus infinitos, com toda a sua grandeza, da mesma maneira.

Ninguém poderia imaginar, a não ser que fosse um psicólogo profundo e observador, que toda essa infinita variedade de formas de pensamentos, de modos de ver, se encaminha para um mesmo ponto final.

Chegando a esse ponto, todos estarão no centro da suprema verdade, e eu, para compreender e esclarecer melhor essa idéia da variedade infinita de pensamentos, imagino cada alma como um círio aceso e penso que esses círios com vida própria caminham rumo a um mesmo ponto final, formando uma grandiosa luz que parece inundar todo esse longínquo horizonte com o seu resplendor infinito.

Do lugar em que estou, vejo que são milhares os círios – digo círios para indicar uma luz flutuante no espaço – e vou vendo essas luzes flutuantes que deslizam pelo infinito abismo que denominamos espaço; imagino que quando todas chegarem ao oceano infinito de luz que se vislumbra ao longe e nele mergulharem, a totalidade das luzes formará uma única luz.

Ao mergulhar nessa infinita claridade, nós, todas as almas que somos uma faísca da humanidade, pensaremos uniformemente, pensaremos uma única idéia, uma única coisa, um único pensamento, e esse pensamento é a Verdade Suprema.

Mas – dir-me-eis – quanto falta para que cada um de nós, que somos um círio aceso no infinito, chegue a essa imensa claridade que é o que as humanidades, as religiões chamaram de Deus, Inteligência Universal, Grande Atman, Alma dos Mundos? Quando será que chegaremos?

Essa resposta sem dúvida está no íntimo da Divindade e no íntimo de cada um, que a conhece mais ou menos pelo seu grau de evolução, pela clareza da sua consciência, pela vontade que tem de saber, de unificar-se com a divindade, ou pelo desejo que sente de se sacrificar em favor de seus semelhantes. Cada um conhece mais ou menos a grande distância que o separa desse ponto final.

Se tentarmos comparar-nos com os grandes seres que nos precederam na evolução, com os grandes redentores de humanidades, veremos que mal começamos a pôr o pé na montanha santa dessa verdade com que sonhamos, dessa grandeza infinita que vislumbramos em nossas horas de meditação solitária.

E quando cada um, pelo caminho que escolheu – ou que a lei divina lhe designou –, chega ao grau de evolução necessário, sem que ninguém seja prejudicado pelo modo diferente de pensar e de sentir do irmão que caminha a seu lado, então essa pessoa se sente feliz e satisfeita de percorrer o caminho que, de modo consciente, sabe que lhe está designado e que foi escolhido; e isso é o melhor que pode fazer, para trilhar mais depressa o longo caminho e chegar com seu círio aceso à eterna luz a que todos ansiamos por subir.

Não é adequado que eu diga "todos", porque há aqueles – na variadíssima escala da evolução – que não sentem nenhuma inquietude por não saber absolutamente nada que transcenda as coisas da vida material, e que preferem desenvolver-se dentro de sua própria vida.

Apenas nós, que já vimos há muitas vidas descerrar-se o grande véu do superior – véu que oculta as coisas grandes e elevadas –, nós, que vislumbramos o eterno enigma por um resquício de eternidade, estamos ansiosos por subir com nosso círio aceso em busca da eterna luz.

Vós fazeis parte do grupo que anela por correr pelo sopé da sonhada montanha da libertação, porque desejais conhecer, ansiais saber para amar infinitamente, visto que sem conhecimento não se pode amar essa verdade com a qual sonhamos. Se procuramos conhecê-la é porque nossa alma, feita, criada e formada pelo amor, precisa amar algo que esteja acima de tudo o que conhecemos nos planos físicos, e nesse caso o amor constitui o esporão que nos impulsiona, que nos impele.

Se não fosse essa infinita ânsia de amar a beleza suprema, a verdade eterna e a suprema e eterna luz, não nos daríamos ao trabalho de nos reunir de vez em quando para buscar, em meio a esse grupo de pessoas simples e ao mesmo tempo homogêneo, toda a grandeza com que sonham as vossas almas de idealistas.

Adiante, pois, nas sendas do infinito, que, embora longas, penosas, e cheias de obstáculos, aguardam o triunfo dos corajosos, dos decididos, dos perseverantes.

Se o sois, conseguireis chegar a esse manancial inesgotável de luz, para refundir o vosso círio individual, o círio de vossa alma, a faísca divina acesa há tantos séculos, e mergulhá-la na grande luz infinita, que é amor perdurável e eterno.

Até sempre.

Iniciação à Vida Superior

Irmãos que bateis pressurosos à porta augusta do Conhecimento Divino! Eis que no pórtico do Sagrado Recinto um viajante e antigo companheiro do caminho eterno vai ao vosso encontro e pergunta-vos: Sabeis o que é a iniciação à vida superior no plano terrestre?

Antes de dardes o passo seguinte, vou dizer-vos, e juntos analisaremos as vossas capacidades, disposições e sentimentos.

A Iniciação é, antes e acima de tudo, uma oferenda de amor à Eterna Potência Criadora e à humanidade que é criação sua, a mais elevada e perfeita.

Para harmonizar-me com a vossa natureza visual de seres encarnados num plano ainda tão inferior quanto o terrestre, proponho-vos uma comparação que plasmará na vossa mente a realidade do momento.

Imaginai que, por circunstâncias especiais de gratidão, de amor, de anseios de bem e de justiça, quisésseis apresentar-vos diante da augusta majestade de um poderoso rei da Terra para oferecer-lhe algo do melhor e mais precioso de que dispondes em vossos campos, bosques, jardins ou tesouros de arte, de ciência ou de riqueza. O que faríeis? Como vos prepararíeis? Como vos vestiríeis? Não ensaiaríeis mil vezes a vossa aparência, a vossa linguagem, as vossas maneiras, etc.?

Como arrumaríeis, ornamentaríeis e escolheríeis a vossa oferenda? Pensai bem nisso.

Tendo já refletido, passemos da comparação à realidade. Não é um rei poderoso da Terra que espera por vós. É o Criador, dono e senhor de todos os mundos que brilham, aos milhões, como pontos de luz na infinita imensidão que os cerca.

O que vos leva a buscar a Iniciação? Responder-me-eis de imediato: o desejo de Luz, de Conhecimento, de Justiça, de Beleza e de Amor.

Muito bem! É o vosso grau de evolução que os capacita a sentir esses desejos.

É essa, pois, a hora iniludível e inevitável que soa na eternidade para toda alma que começou em eras longínquas sua grande carreira de progresso eterno.

Lembrai-vos de que o Cristo, nosso Divino Instrutor, repetiu muitas vezes: "Deus dá sua luz aos humildes e a nega aos orgulhosos."

"Bem-aventurados os puros de coração porque eles verão a Deus."

Portanto, deveis começar por reconhecer-vos como criaturas que sois: pequenas partículas de Divindade que, à custa de golpes, como o ferro na bigorna ou como o ouro no crisol, vão modelando a sua personalidade até chegar a assemelhar-se a essa Divina Potência da qual surgimos como uma faísca e à qual devemos voltar como uma grande chama viva, capaz de dar luz e calor a um grande número de almas. Não somos nada e podemos ser muito!

Convencidos estamos da nossa insignificância em termos de valores, mas com capacidade para conquistá-los.

Analisemos a outra parte da afirmação axiomática do Cristo: a pureza do coração como condição necessária para que nos seja dada a Divina Luz.

O que exige essa pureza de coração? – perguntais. Exige Amor... nada mais que amor para com toda criatura de Deus que atravesse o vosso caminho.

No vosso coração, se este é puro, não devem existir aversão, ciúmes, rancor, inveja, prepotência ou intolerância – manifestações reveladoras de que o egoísmo não está morto em vós. E "onde vive o egoísmo não vive o amor".

Exorto-vos, pois, a fazer um profundo e minucioso exame do vosso mundo interior, mantendo o pensamento fixo nestas palavras iniciadoras da minha instrução, deste momento.

A Iniciação é uma oferenda de amor à Eterna Potência Criadora e à humanidade, que é criação sua.

Desde logo, ela exige renúncias, sacrifícios e abnegação.

Está a alma disposta a fazê-los? Sede vós mesmos os vossos juízes, imbuídos da nobre sinceridade que deve ser a base e fundamento de toda vida espiritual sabiamente iniciada.

Deixo-vos a sós diante de Deus e da vossa consciência.

A Divina Sabedoria e o Eterno Poder se derramam sobre as almas que, nas devidas condições, transpõem o umbral da porta augusta do Divino Conhecimento.

Vosso Irmão de sempre, Hilkar de Talpaken.

De Que Tentação Devemos Preservar-nos?

Que a Paz esteja convosco.

Esta noite, eu mesmo serei o vosso instrutor para repetir mais uma vez esta palavra de outro momento decisivo para a minha Obra: "Vigiai e orai para não cairdes em tentação, porque o espírito é forte na vontade e no amor, mas na matéria é fraco."

Quais serão para vós as tentações desta hora em que começais, pela milésima vez, a realização do meu legado eterno de amor fraternal?

Fostes afastados das multidões pela força do vosso amor e do meu, porque chegou a hora para que se cumpra em vós outra palavra minha pronunciada anos atrás neste mesmo local: "Deixo-vos como livros em branco, onde os meus, que estão dispersos, virão estampar seus nomes e formar convosco nas fileiras dos pequenos Cristos que deverão representar-me com a palavra e com o exemplo nesta hora derradeira."

Então, sereis vítimas da tentação de abrir os braços e o coração para abrigar todos os náufragos da vida neste sagrado retiro a que viestes para buscar a proximidade íntima da Divindade como meio de, enfim, chegar ao cume da montanha da libertação, que vos tornará donos do poder divino de salvar o que ainda pode ser salvo das trevas em que mergulha a humanidade inconsciente.

Deixai que o fio condutor do Eterno Amor faça por vós o que no Amor é Justiça, e não saiais numa busca desesperada, porque de novo vos veríeis arrastados pela corrente, sem poder salvar os que perecem e sem salvar a vós mesmos.

Esta é a hora tremenda da Justiça Divina, na qual a Lei inexorável deve cumprir-se em todos aqueles que, tendo a Luz nas mãos, a deixaram apagar-se inúmeras vezes.

Não creiais que todos os que sofrem angústias na alma ou no corpo estejam dispostos a fazer o menor esforço para libertar-se da causa do seu padecer. Não podeis malograr outra vez minha obra de amor e os grandes trabalhos realizados pelos mensageiros e colaboradores do reino de Deus na hora final deste ciclo de evolução.

A segunda tentação de que quero preservar-vos – porque é freqüente e comum em almas como as vossas – é a que vos leva a ver como uma barreira intransponível a vossa pequenez e a vossa fraqueza, que contrastariam com a magnitude da obra que foi esboçada para vós no vosso horizonte mental.

Sem outros meios senão a vontade e o amor que vos impulsionam à realização de meus sonhos milenares, às vezes vos sentis acovardados ao dar os primeiros passos, tal como as crianças quando começam suas andanças por este mundo de obstáculos e sombras.

E se para vencer a tentação anterior precisais encerrar-vos no círculo estreito dos atraídos por Mim a este retiro há muito tempo escolhido, por desígnio divino, para vencer esta de que lhes falo, deveis abrir as asas do espírito e deixá-lo, na meditação solitária e profunda, mergulhar na Divina Potência que é Sabedoria infinita e Amor incomensurável. Dessa inefável unificação ressurgirá, como uma chama viva, essa fé que remove montanhas e faz brotar água das rochas e flores nas ruínas milenares.

Estais ensaiando o *amor fraterno* em sua manifestação mais pura e elevada. Foi feita em função dele a minha promessa eterna de que, chegando vós a este ponto crucial da vossa vida interior, "o Pai e Eu faríamos nossa morada no vosso coração"; isso assegura a posse do poder divino para as realizações que surgirão dos vossos esforços e da vossa abnegação nesta hora final da vossa jornada terrestre.

Todas as obras de Deus têm seu ponto de partida na mais ínfima pequenez humana, como se a soberana majestade do Poder Supremo quisesse fazer suas criaturas compreenderem que Ele é tudo e que delas só pede a entrega absoluta e perfeita da sua vontade e amor.

Se assim fizestes e ainda o fazeis neste momento, nada tendes a temer, pois só permanecem ao vosso cargo a discrição, a prudência, a cautela precavida e constante em todos os passos da vossa vida, a fim de que seja duradoura para vós a paz iluminada com resplendores celestes, paz que os vossos irmãos do mundo espiritual desejaram criar para vós.

Para a vossa tranqüilidade interior, lembrai-vos sempre que o vosso Mestre vigia e que o seu pensamento envolve a todos vós como um véu materno, que nunca vos deixará ao relento.

Que a bênção do Pai esteja convosco por meu intermédio, nesta hora solene de uma realização há tanto tempo sonhada por mim.

Até sempre.

Deus Dá a Sua Luz aos Humildes e a Nega aos Soberbos

Que a Luz Divina esteja na vossa mente, hoje e sempre, tal como ocorreu comigo em dias longínquos quando, estando minha alma repleta de ansiedade pelo conhecimento da Verdade Divina, a Lei me apresentou de súbito o Homem Luz, o príncipe Abel, como eu o chamava, para abrir-me caminhos entre as neves eternas.

Fala-vos a vossa irmã Walkíria de Kiffauser, que conheceis mais por esse nome do que pelos outros que tive ao longo dos séculos.

Há na eternidade vidas que parecem sempre destinadas a vencer obstáculos, a saltar por cima de barreiras quase intransponíveis, a vadear rios caudalosos e revoltos, a atravessar desertos que parecem não ter fim. Eu fui uma dessas; em parte vós também o sois, visto que estais cercados por dificuldades criadas pelos vossos próprios irmãos.

Esses são os abismos que é preciso transpor para viver eternamente vinculados com o ideal que escolhemos. O mérito está nisso, e não num caminho fácil entre pradarias em flor e musgos suaves ao caminhar; não em vales cheios de sombra e oásis, onde a cada passo encontramos fartura de água fresca, de frutos saborosos e doces, de céus estrelados e suaves, de frescas brisas que nos acariciam quando caminhamos. Que merecimento teríeis com isso?

O próprio Cristo, o Homem Luz que encantou e apaixonou a todos vós e a mim mesma, passou por essa vida difícil, de lutas, de grandes dificuldades, de enormes precipícios, para saltar sobre eles e obter a vitória final. O que importa é que a alma esteja decidida de antemão a manter uma inamovível firmeza, sabendo já que será combatida e também que nunca cederá à força do mal.

É preciso ter de antemão essa vontade firme para triunfar em todos os caminhos, em todas os tipos de tarefas. Além disso, é necessária uma têmpera de aço, unida a um amor incomensurável que se oferece a todo instante e em todas as horas aos seres que nos passam ao lado; inclino-me quase a dizer que este último é o mais necessário.

A maioria das pessoas que formam a nossa Fraternidade Cristã pertenceu à Fraternidade Kobda ou à dos Dáctylos, Flâmines e Essênios. As escolas de Cristo são sempre as mesmas, com algumas almas, é verdade, que vão chegando através dos tempos para unir-se às velhas legiões pré-históricas.

Estas são os pais, as mães, os patriarcas e as matriarcas do divino ensinamento do Senhor; os novos que vão chegando são os jovens paladinos que darão prosseguimento à obra na nova era, guiados pelos velhos que os precederam.

Muitos, a maioria dos que formam a Fraternidade Cristã, vivem preocupados com o que acontecerá com ela quando a irmã fundadora tiver desaparecido do plano físico. Como conhecem pouco a Lei Divina aqueles que abrigam tais desesperanças! Que escassa fé têm na Providência os que assim pensam! A Lei Divina assinalou a sua rota e os rumos a seguir há centenas de anos. Por que então aqueles que crêem na Lei Divina, os que dizem crer em seus desígnios, os que sabem que o Homem Luz guia esta humanidade, vivem preocupados com o que ocorrerá com uma fundação realizada sob a sua égide? Que se passará depois do desaparecimento do instrumento de que a Lei se serviu para estabelecer os céus nesta paragem da Terra?

Eu vos digo que a Lei Divina nunca se deixa vencer pelas contingências humanas. Os acontecimentos poderão sofrer um atraso, é verdade, mas chegarão inevitavelmente a cumprir-se tal como a Lei Divina determinou. Às vezes os prejuízos vêm por intermédio de criaturas inconscientes, mas essas criaturas que os ocasionam pagam um alto preço pela sua inconsciência, sua incapacidade de ver com a Luz Divina, que não se nega a ninguém que queira ver e conhecer os desígnios de Deus. E essa negação deve-se à soberba que várias vezes acompanha muitos dos que se julgam e se denominam espiritualistas, mas que, dedicando-se em excesso a obras exteriores que julgam boas, desde logo negligenciam o essencial – *o cultivo do seu próprio interior* – para serem capazes de perceber a Luz Divina, de compreender os desígnios de Deus e secundá-los com a devida eficácia.

Talvez eles digam que não tiveram esse conhecimento, que não puderam ter estas ou aquelas percepções. Eu vos digo que a palavra de Cristo se confirma: "Deus dá sua luz aos humildes e a nega aos soberbos." Aqueles que, estando nas fileiras espiritualistas e cristãs, não têm a Luz Divina, devem isso ao fato de terem descuidado de eliminar do seu mundo interior as sarças malignas da soberba e do egoísmo, que impedem a penetração da dita Luz.

Por isso, os Guias da Fraternidade Cristã recomendam com tanta assiduidade a oração, a meditação, por meio da qual as pessoas conhecem suas deficiências e procuram eliminá-las.

Minha presença neste momento tem o objetivo, não só de estimular-vos no vosso caminho, mas também de prevenir-vos contra alguns espiritualistas vossos irmãos que interpretam indevidamente a palavra do Divino Mestre quando este diz: "Já é hora." Muitas vezes repetiu Ele a vós: "Já é hora." Ele não quer dizer com isso que seja a hora de sairdes pelas ruas e praças para difundir sua doutrina. Não quer dizer que seja hora de vos preocupardes em abrir asilos, recolher os desamparados, abrir hospitais ou casas de saúde para curar os enfermos, afastar-vos em regiões inóspitas e desoladas para pregar aos que ainda não conheceram a doutrina de seu Salvador ou dirigir-vos a terras africanas e embrenhar-vos naquelas selvas inexploradas, buscando os selvagens para redimi-los.

Ele não quer dizer que seja a hora desses grandes empreendimentos redentores da humanidade, porque este não é o momento de iniciar novas obras de apostolado exterior. Já se fez o que a Lei mandava que fosse feito para redimir a humanidade.

Acaso não o fez Ele em nove vidas messiânicas? Não o fizeram nestes vinte séculos todos os seus discípulos, que o seguiram logo depois da sua partida para o Reino de Deus? A hora dos apóstolos redentores já terminou. Esta é a hora da Justiça Divina, é a hora na qual as almas que entraram nas correntes do Salvador devem procurar purificar-se e entender todos os conhecimentos superiores dados por Ele, emanados do seu ensinamento de séculos, para que na nova era que se avizinha estejam aptas a guiar as novas gerações que edificarão uma humanidade nova que há de chegar.

Isso é o que o Mestre quer dizer quando afirma que "já é hora". Toda outra obra que se inicie como obra de beneficência, tal como se costuma denominá-las hoje, já nascerá caduca e acabará por desaparecer no confuso tropel das hecatombes que virão.

Porque não é hora de empreender novos apostolados no exterior e novas benemerências; o que devia ser feito já foi feito, e agora a humanidade já está plenamente dividida — dividida entre os discípulos fiéis a Cristo e os seguidores do Anticristo.

Então, o que importa é voltar à vida dos essênios, não porque devais isolar-vos em grutas solitárias e desabitadas, mas porque deveis viver uma vida de oração, de estudo e de trabalho. É nessa vida de solidão, de retiro, de afastamento do mundo na medida do possível, que obtereis a purificação plena do espírito. A Luz Divina se derramará em profusão sobre os que se prepararem dessa maneira para serem eficientes diretores e mestres das gerações que vierem. Esse é o significado da frase de Cristo: "Já é hora." Por conseguinte, deveis compreender que as iniciativas que vos chegam de fora, ou mesmo dos vossos irmãos, voltadas a distrair vossa atenção do que é essencial, devem cair sobre vós como a chuva que chega, molha um pouco e depois seca. Eis aquilo de que todos precisais para serem guias de humanidades nesta hora: *humildade e desinteresse*.

O amor que desde o início sustentou a Fraternidade Cristã não deve desaparecer, e não desaparecerá, mesmo quando esta irmã tiver de deixar a sua matéria. Ela própria virá em outro corpo, ou virá em outro espírito, também de amor imenso e desinteressado, capaz de esquecer-se de si mesmo para pensar nos outros; a Lei Divina proverá nesse sentido, e a Fraternidade Cristã seguirá o seu caminho, seu caminho de eterna semeadura de amor, de esperança, de luz e de felicidade.

Que as palavras de vossa irmã Walkíria sirvam para que conheçais qual é a rota que deve ser seguida espiritualmente, e mediteis a respeito.

"Já é hora" de ser como um Cristo em meio à humanidade e de amar como Cristo amava.

Que o seu amor e a sua luz vos iluminem. Até sempre.

Sentir Deus Dentro de Vós Mesmos

Que a Luz Divina do Pai se irradie sobre as vossas almas para que compreendais, como eu desejo, o meu ensinamento desta tarde.

Quero que aprendais por fim a sentir Deus dentro de vós mesmos para que em todas as vossas ações e em toda a nossa vida se reflitam, ao menos como faíscas errantes, sua grandeza soberana, sua beleza inefável e seu amor eterno.

Muitos de vós me ouvistes contar um dia esta lenda sugestiva como um símbolo: "Um homem ficou sabendo que havia um tesouro escondido num país muito longínquo, e sentiu na alma a ânsia de conquistálo.

"E para lá se dirigiu, dia após dia, transpondo precipícios, vadeando pântanos, atravessando desertos, mares e selvas, montanhas e neves... e para lá foi como peregrino errante, como eterno viajante, sentindo que os pés lhe sangravam entre as areias escaldantes e os pedregulhos pontiagudos... Sentindo que lhe sangravam as mãos que, às apalpadelas, na escuridão, afastavam os sarçais para abrir-lhe caminho... Sentindo que lhe sangrava o coração à medida que avançava, porque a ingratidão, o abandono, o desamor e a decepção nele penetravam como um estilete de aço. E o viajante continuava a avançar....

"As feras uivavam à sua passagem, ameaçando devorá-lo...

"As areias escaldantes, movidas pelo vento do deserto, se levantavam como ondas imensas para sepultá-lo no seu seio.

"Os corvos saíam em grandes bandos das ruínas abandonadas que pontilhavam o deserto, e o bater de suas asas negras como o furacão que desaba na selva obscurecia seu caminho e enchia de espanto o seu espírito...

"E o silvo das serpentes, a fúria das tempestades, o terror das selvas povoadas de malfeitores, a ansiedade da sede e a tortura da fome e do cansaço, do frio e da solidão, das trevas, tudo se levantava diante dele para desviá-lo do caminho...

"Mas ele continuava a avançar, porque num país muito longínquo havia um tesouro escondido que ele ansiava conquistar para si e para todos os que o seu coração amava."

Esse homem era "EU", que dia após dia corria pelos caminhos sem fim da evolução, para chegar a sentir Deus dentro de mim mesmo, com toda a sua grandeza e todo o seu amor, e derramá-lo depois como uma chuva divina sobre todas as almas que de fato o buscam e amam.

Dois milhões de anos corri em busca desse tesouro e eis que, quando o encontrei e o tenho dentro de mim, venho a vós para dá-lo na medida em que os vossos desejos o peçam, na proporção em que os vossos esforços o mereçam.

Sentir Deus dentro de nós mesmos – é esse tesouro escondido, essa bem-aventurança suprema a que podemos chegar ainda dentro do obscuro cárcere da matéria.

"Mestre, como devemos proceder para sentir a grandeza de Deus dentro de cada um de nós?" – sinto que me fazeis essa pergunta com o pensamento e com o profundo anseio do vosso coração.

Eu vos digo: Aqueles de vós que buscais com desmesurado afã as coisas materiais e os bens fugazes da Terra não podereis sentir a grandeza do Pai dentro de vós mesmos, porque encheis a alma de outras grandezas e de outros desejos que nunca vos darão a felicidade nem a paz.

Aqueles de vós que, na vossa vida diária e nas vossas conversas familiares, encheis a mente de grosseiras imagens que despertam ainda mais os baixos instintos da animalidade não podeis ouvir as harmonias divinas nem sentir os eternos resplendores da Beleza Suprema ou os suaves eflúvios do Amor Supremo, porque a morada da vossa alma está repleta de luzes fátuas que se acendem e se apagam, de flores enervantes e pesadas, que se abrem com a aurora e murcham ao anoitecer.

Aqueles de vós que, em função da irascibilidade e do vosso caráter duro, causais amargura entre os seres que vos cercam e perturbais a paz dos irmãos, não podeis ouvir a canção divina da Bondade Eterna, porque a dor que causais é uma muralha de bronze – ouvi-o bem – que ergueis em torno do vosso espírito, muralha que impede a chegada até ele dos divinos acordes da música celestial.

Buscais demasiado a vós mesmos, até nas mais nobres e santas ações que realizas; e, como vos buscais a vós mesmos, nada mais que isso encontrais; e o Eterno Amor, a Suprema Bondade e a Divina Beleza não podem penetrar em vós, porque estais cheios de vós mesmos.

Em vossos amores humanos, em todas as vossas afeições, em vossas obras de caridade, em vossas ânsias espirituais, em quase todos os impulsos do vosso ser, só conseguis buscar a vossa própria satisfação, buscar a vós mesmos, causando-me a profunda dor de tornar inútil o meu longo e doloroso holocausto para procurar-vos o tesouro escondido da verdadeira e única felicidade: a de sentir dentro de vós mesmos a Beleza Incriada, a Bondade Suprema e o Amor Eterno do Pai ainda dentro da matéria, que é o glorioso ápice, o cume radiante a que pode chegar o espírito mediante o esforço, o desprendimento e a abnegação.

Meus filhos, abri de verdade vossa alma às coisas espirituais; o tesouro escondido que com tantos sacrifícios o vosso Mestre conquistou se derramará sobre vós, orvalho suave e fecundante, que fará florescer com abundância em torno de vós as flores divinas da paz, do amor e da alegria, que são duradouras e estáveis porque emanam de Deus.

Dou-vos a minha bênção e peço ao Pai sua Luz Divina para que saibais compreender-me.

A Solidão do Apóstolo de Deus

Mais doce e terna do que a harmonia dos vossos instrumentos musicais, chega a mim a voz unida das vossas almas flutuando na imensidão infinita em busca de luz, de paz e de amor.

E como a Bondade Divina nunca se nega àqueles que a buscam com amor, ela vos envia o meu pensamento, que vos apresentará nas confidências desta tarde a resposta a uma idéia tenaz que descubro no cérebro que me serve de transmissor: "A solidão do apóstolo de Deus."

Imaginai-vos num imenso deserto de amarelentas areias móveis que os ventos levantam como uma nuvem de fogo. E nesse deserto, uma numerosa caravana febril, agitada e tumultuada que busca sem encontrar a quietude suave e fresca do oásis.

Quando por fim o encontra, ela pensa em desfrutar dele por todo o tempo em que durarem os frutos daquela terra e a água daquele manancial.

A imensa caravana descansa, alegra-se, come, bebe e se diverte em ruidosa algazarra, que logo a faz esquecer o término da viagem.

Mas há um viajante muito inquieto que não se conforma com aquela lentidão da caminhada e que, mal tendo sorvido alguns goles de água e ingerido uma refeição leve, toma de novo seu bastão de peregrino e empreende sozinho o caminho, porque vislumbra ao longe, como entre o resplendor de céus iluminados, um país encantado, uma terra prometida em que não existem nem a morte, nem a dor, nem a maldade!

Ele não tarda a verificar que a numerosa caravana ficou muito distante, entregue aos prazeres e ao descanso, mal chegando a ele os ecos perdidos do seu ruidoso festim.

Como se sente só o viajante em meio àquela imensidão de areias móveis e escaldantes... E quando o vento as agita e as arrasta, aquele açoite de fogo queima-lhe o rosto e os ramos secos impelidos pelo furacão dilaceram-lhe a sua carne, fazendo brotar nela grossas gotas de sangue, que vão deixando marcas avermelhadas na areia.

Como está só o viajante no meio daquela tempestade!

Essa é a figura que a realidade da vossa Terra delineia quando um espírito avançado nos caminhos de Deus corre por eles com ânsia febril e sempre sozinho... Por quê?...

A solidão do apóstolo de Deus, que aqueles que o acompanham na longa e penosa jornada não conseguem seguir de perto...!

Apóstolo de Deus, tu que avanças solitário rumo à montanha santa da libertação e da glória...! A tua caravana descansa e se entrega ao prazer, lá longe, porque para ela o gozo presente vale mais do que a felicidade futura, atraindo-a muito mais a luz do festim do que o resplendor de auroras longínquas, que vislumbras ao alcance do teu esforço e do teu anseio...! A lentidão da sua marcha te aflige. Tua profunda solidão te entristece e tua alma se enche de angústia quando em vão buscas ao teu lado outra mão em que apoiar-te... outro coração que compreenda o teu segredo... o divino segredo do Amor Eterno que te impulsiona, que te arrasta, que parece dar-te asas para subir ao cume com menos fadiga.

Apóstolo de Deus...! A solidão é tua herança. Foi a minha e é a de todos nós que, unidos à numerosa caravana de humanidades novas, avançamos a passos largos e em marcha forçada, marcha que eles não querem ou não podem acompanhar.

Apóstolo de Deus...! Anima-te, adquire novos alentos e novas energias, porque, embora julgues que só o silvo do vento acolhe os teus cantos de iluminado e que só as ressecadas areias que pisas absorvem as tuas lágrimas de decepção e de desesperança diante da inércia da tua caravana, outros viajantes invisíveis da imensidão caminham ao ritmo dos teus passos e vibram no mesmo tom, vislumbrando como tu a grandeza e a glória de Deus expandindo-se como a luz do amanhecer sobre a Terra.

Meditai sobre as minhas palavras desta tarde, vós que buscais a Deus mediante a purificação do espírito para merecer a união divina.

Que a dor e a angústia da vida terrena nunca detenham a vossa subida até o cume.

Artífices do Pensamento

Glória a Deus na imensidão infinita e paz na Terra aos homens de boa vontade!

Da bruma das eras passadas ressurge neste instante, por Justiça da Lei Divina, um dia da minha vida terrestre em que Elohim, meu guia, me levou ao cume do monte Horeb para apaziguar a grande ansiedade que eu sentia de descerrar os véus que ocultavam aos homens daquela geração os princípios do globo terrestre que lhes foi dado por morada, em cumprimento dos inescrutáveis arcanos da Divindade.

E como se as sarças da montanha ardessem em labaredas, vi levantar-se do âmago do vívido resplendor uma pequena nuvenzinha branca que subia e subia no horizonte azulado, e depois, como majestosa nave aérea de flutuantes velas despregadas, navegou na imensidão até chegar a transformar-se numa gigantesca nebulosa.

Desprendiam-se dela grandes estandartes como se uma mão de mago tivesse soltado ao vento os brancos véus das virgens de Sião. Agitando sobre si mesmos vertiginosos redemoinhos, eles produziram correntes magnéticas descomunais e forças de atração impossíveis de definir. Vi-os dobrar-se em curvados feixes até formar globos que pareciam seguir-se e, ao mesmo tempo, fugir uns dos outros, cada vez mais condensados, e como se num vórtice de luz e de fogo, ou numa explosão de vívidas cores e de descargas elétricas, se tivesse rasgado o abismo incomensurável.

Assim passou por mim, em breves horas, o trabalho de longos séculos; e a divina visão da montanha de Horeb ensinou a Moisés o que não lhe teria sido permitido entrever em muitos anos de meditação...

A formidável atração partiu dos sistemas planetários vizinhos, mundos em evolução mais avançada, e dentre eles a esplendorosa Vênus, que tão de perto veio irmanar-se com esta Terra recém-surgida da radiante energia Divina.

O gás, a água e o fogo foram sucedendo-se uns aos outros com a velocidade de um vórtice que durava séculos, até que o globo terrestre, destinado a ser berço de tantas e tão grandiosas civilizações, pôde abrigar germes de vida em sua casca envolta primeiro, no cristal das águas, e em mantilhas de neve.

Da montanha de Horeb contemplei, no cenário radiante da Luz Eterna, os primeiros passos da vida e seu inaudito esforço para manifestar-se nas múltiplas e infinitas formas que conheceis e em outras que não conheceis.

Pequenos monstros, assim como monstros enormes, rudimentares esboços do que viria a ser num futuro longínquo a mais acabada manifestação da beleza da forma e da expressão, começaram a arrastar-se pesadamente como se tivessem consciência de que um grande número de séculos os contemplaria nesse estado, que as idades futuras qualificariam de "espantosa manifestação de vida".

Os seres do mais remoto passado e os seres do futuro mais avançado desfilaram diante da alma extática do vidente da montanha de Horeb.

Homens deslizando como seres alados por cima da superfície do globo e homens em ígneos vapores, como os carros de fogo de Henoch e Elias, desfigurados esboços da verdade magnífica que o futuro conheceria. Toda essa prolongada peregrinação da evolução humana arrancou da pena de Moisés aquele canto que, adulterado pela incompreensão de seus contemporâneos, chegou às gerações atuais com o nome de "Gênesis", canto que algum dia retirarei para vós do vasto museu vivo da Luz eterna.

Eis que, da evolução de globos e esferas, de mundos e nebulosas, cheguei em minha conversa desta tarde ao desenvolvimento ascendente das mentalidades, para relatá-lo a vós, homens da hora atual, vislumbrados por mim na montanha de Horeb como os artífices do pensamento por meio do qual chegais a ser pequenos deuses criadores da beleza e do bem, ou gênios maléficos semeadores da dor e do crime no seio da humanidade.

Sereis deuses criadores se com a onda luminosa do vosso pensamento de amor, souberdes recolher forças vivas em seus imensos planos, que só esperam o impulso da vossa ordem mental para transformar-se em ternos meninos alados, os Cupidos da antiga mitologia, os querubins ou anjos da guarda das idades modernas, as fadas ou gênios benfazejos das lendas medievais, para servir de auréola protetora e benéfica a seus seres amados.

Homens conscientes da magna força do pensamento, sede pequenos deuses criadores do bem e da justiça, da paz e do amor entre os homens, em contraposição aos gênios malévolos, criadores também, para o seu mal, das tenebrosas entidades que dificultam e distorcem os caminhos dos homens.

Seres conscientes que me ouvis... sede deuses criadores do bem e da justiça, da beleza e do amor, com a magia poderosa do vosso pensamento vibrando em uníssono com o Eterno e Divino Pensamento!

Homens da hora atual, conhecedores da energia que o Altíssimo pôs à vossa disposição sob a forma de estupendas forças mentais, cantai unidos ao concerto das elevadas Inteligências que, depois de ter conduzido humanidades à glória e à luz, se desvaneceram na Claridade Eterna como uma ressonância deste hino imortal: "Glória a Deus na imensidão dos céus infinitos e paz aos seres de boa vontade."

Vida Ativa, Vida Contemplativa

Que a Paz esteja convosco.

Vós me dissestes: "Mestre! Abre-me a porta do augusto Templo do amor, onde o vil e passageiro se extingue e morre, onde o clamor das paixões e os gritos do egoísmo emudecem para sempre!"

Ó amados meus, eu queria que chegásseis a isso, e vós por fim o fizestes!

Já é hora de empreender o grande vôo que vos levará a esse estado de consciência no qual conseguireis compreender a diferença que existe entre o amor passional humano, que às vezes vos leva por caminhos extraviados, e o amor à Verdade e à Justiça, que vos leva a buscar Deus, suprema Verdade e suprema Justiça.

Um esforço a mais e compreendereis esse Amor como compreendeis a luz desses círios que acabais de apagar e o perfume das flores que cultivais com amor; como compreendeis o frescor das águas que mansamente deslizam aos vossos pés, o cantar dos pássaros, o resplendor das estrelas e tudo o que vive, palpita e respira no seio de Deus.

Vós o ouvistes à exaustão: o amor de Deus é paz e sossego para a Alma, é quietude inefável do espírito, que parece adormecer num doce esquecimento de todo o transitório e fugaz quando chega a esse estado de consciência que nada espera da Terra nem do mundo, porque encontrou Deus-Amor em si mesmo.

Minha palavra de hoje será um esboço do que deve ser a vida de um continuador dos kobdas, que busca extrair de todas as coisas o que de mais belo existe nelas.

Vossa vida não pode ser a de um anacoreta no deserto, nem a do que corre com desmedido afã atrás dos negócios que o absorvem por completo.

Ela deve transcorrer numa ordem e harmonia perfeitas: vida contemplativa, que vos leve ao conhecimento de Deus e de suas leis inexoráveis, e vida de ação dedicada ao trabalho que sustenta a matéria física e vos permite que façais o bem aos vossos semelhantes.

Foi o que fizeram os kobdas, os dáctylos e os essênios, que em sua vida de elevada contemplação não se esqueceram dos doentes, dos que sofrem e dos atormentados na alma ou no corpo.

Meu discípulo, vosso Irmão Hilarião, relatou-vos com detalhes minha vida de atividade em todos os anos de minha jornada na Terra, sem nunca descuidar da contemplação interior, que é união com Deus.

Porque, para dar de mim a meus irmãos, eu precisava receber; e quando tinha dado tudo o que tinha em mim de grande e de forte, sentia-me esgotado e às vezes até pessimista; nesses momentos, eu me perguntava a mim mesmo: não será perdido tanto esforço em favor desta humanidade que ainda dorme na inconsciência e na ignorância?

E às vezes eu chorava em silêncio, sentindo minha alma enfraquecida, empobrecida e sozinha.

Mas para a alma assim dolorida chega também a hora da Luz, a hora da divina compensação, e que tudo o que ela deu a seus semelhantes lhe é devolvido à proporção de cem por um, subindo então a alma velozmente para a Divindade.

O Amor às coisas divinas vos fará compreender com clareza esses dois caminhos que enuncio e que devem formar um único na nossa vida, pois então podereis fazer do vosso trabalho uma oração contínua se pensardes que o trabalho é Lei emanada de Deus e que vós realizeis a sua vontade quando o fazeis com amor.

Na vida ativa, fazeis uso das vossas energias; e a vida contemplativa é a soberana energia que se derrama sobre vós e vos devolve tudo o que tiverem dado aos nossos irmãos e ao vosso trabalho.

Se ao menos pudésseis avaliar a grandeza que pode tomar conta do vosso espírito com a meditação e o silêncio!

Quando deixais que vossos pensamentos voem na direção dos seres que vos chamam, se pudésseis ver como se congregam em torno de vós milhares de inteligências denominadas "Círios da Piedade", que os recolhem como se recolhe a chuva e os vertem sobre as almas sedentas e atormentadas em meio às angústias da vida! Não podeis imaginar como, no silêncio da meditação, vossa alma se apodera das coisas divinas que a inundam de paz e amor, porque Deus é Amor e Paz.

Quando vos sentis sós e abandonados, pedi ao Senhor que vos conceda um amor desses que se erguem da Terra e vos fazem ascender, de quando em quando, aos céus de Deus, onde seus anjos o sentem e o vivem.

Não deveríeis jamais entregar-vos à tristeza, ao pessimismo nem ao desalento porque, mesmo em meio à fadiga e ao cansaço da vida, sabeis muito bem que tudo o que pedirdes ao Pai para vossa alma, em meu nome, por Ele vos será concedido.

Alguns mais, outros menos, todos carregais sombras e luto em torno de vós, e talvez às vezes tenhais pensado em dar fim à vossa vida desesperada e inútil. Nesse instante, com certeza vistes acender-se em seguida, no vosso horizonte, uma estrelinha longínqua, como uma lâmpada votiva, e louvastes o Pai dizendo-lhe: Obrigado, Senhor, por esta Luz nova que ilumina os meus passos; por este fio de água pura que aplaca a minha sede; por esta sombra amiga que acompanha a minha viagem pelo deserto açoitado pelos ventos!

Também vós desconheceis as grandes e boas obras que realizais nas vossas horas de silêncio, afastados da enlouquecedora vertigem dos prazeres humanos.

Amados meus! Vida ativa e vida contemplativa compuseram a minha vida, bem como a de todos os que em meu nome determinaram os caminhos a serem seguidos pelo espírito que busca na Terra o conhecimento de Deus.

O amor, a oração e o silêncio são as suaves correntes que levam a alma a essa múltipla vida de atividade interior e exterior.

Vida ativa e vida interior foi a de todos os meus apóstolos e missionários, que preencheram seus dias terrenos com obras de amor pela humanidade de seu tempo.

Há em todos os cantos deste planeta almas que me buscam e me chamam; algumas ainda não puderam encontrar-me.

E vós, que há tanto tempo estais ao meu lado, ouvindo minhas palavras? Já não é hora de vos mostrardes capazes de transmitir o meu ensinamento aos nossos irmãos, com a palavra e com o exemplo?

Recordais que eu vos disse que vos deixava como pequenos Cristos no meu lugar, na Terra; aprendei a valorizar o amor verdadeiro de uns pelos outros como o maior tesouro que Deus vos pode conceder.

Que a Paz esteja sempre convosco.

Meu Reino Não É Deste Mundo

Da união do vosso pensamento e do meu surgiu o prodígio desta aproximação.

Vejo adejar no vosso horizonte mental, como pirilampos dourados que pestanejam na escuridão, as lembranças que também Eu volto a reviver nestes dias em que comemorais o meu último holocausto pela salvação da humanidade. E como sinto a angustiosa vibração que emana de vosso espírito, açoitado por profundas e amargas decepções, bem como cansado dos fardos que se tornam cada dia mais difíceis de carregar, quero responder esta tarde a todas as vossas perguntas mentais, a esses inumeráveis "por quês?" que voam em minha direção como avezinhas feridas.

Eu vos responderei com algumas breves palavras pronunciadas em uma hora longínqua para desfazer a ilusão dos meus, que sonhavam com grandezas e poder material: "Meu reino não é deste mundo."

Longas eras se passaram, tendo os séculos corrido como uma nuvem de pó arrastada para muito longe pelo vendaval; e ainda vibram, como nebulosas de ouro no espaço infinito, palavras vossas e minhas pronunciadas quando selei para sempre a minha aliança convosco, que voluntariamente desejastes compartilhar comigo os dolorosos sacrifícios da redenção humana.

Éreis então setecentos mil espíritos reunidos em magnífica assembléia num plano superior de luz e de harmonia, de paz e de felicidade infinitas.

Num local muito distante, num imenso abismo sombrio, rodava um globo em trevas como uma bolha negra na imensidão; esse globo foi crescendo diante de vós, até esboçar-se claramente a Terra, povoada por uma humanidade primitiva recém-saída de espécies inferiores. Indicando-o a vós com o fio de fogo do meu pensamento, eu vos disse com clareza: "Eis que essa humanidade, pela inconsciência do seu próprio atraso, se levantará contra vós e vos sacrificará de todas as formas inventadas pela maldade e pelo egoísmo; ela abrirá rios por onde correrão o vosso sangue e as vossas lágrimas; vos jungirá como animais aos carros de seu poderio; fará de vossos corpos martirizados combustível para suas fogueiras infernais e espremerá o vosso coração como uma fruta madura para beber o seu fluido vital, em suas orgias de sangue e crime."

Interrompestes então minhas palavras com um tremendo concerto de vozes unidas para cantar no delírio do amor, da esperança e da fé: "Que importância têm para o amor a dor e a morte?" Os anjos de Deus que, aos milhares, contemplavam essa radiante apoteose do amor e da fé, estendiam as mãos sobre vós, derramando o eflúvio infinito do Eterno Amor como um divino orvalho de vitalidade, de energia, de entusiasmo delirante e febril.

E vós, em ronda gigantesca como o eterno dançar das estrelas, continuáveis cantando em torno de mim, com crescente entusiasmo: "Que importância têm para o amor a dor e a morte?"

Mas como uma coisa é um momento de glória e de amor na claridade infinita e outra percorrer, passo a passo e século após século, a vida em planos inferiores, vossa fé se obscurece por instantes, vossa esperança fenece como flor exótica exposta a todos os ventos e o vosso amor treme de frio diante das ingratidões, dos abandonos, dos esquecimentos e das traições.

Às vezes vos doais em contínuos sacrifícios, em abnegações profundas, nas quais se abrasa e se confunde a própria essência da vossa ternura e da vossa vida; não obstante, daí saís de mãos vazias, sem uma florzinha de agradecimento, sem uma migalha de carinho, sem um pequeno raio de luz para clarear as trevas do vosso caminho solitário.

É nesses momentos que faço chegar a vós o meu pensamento para dizer-vos: "Meu reino não é deste mundo." Sois viajantes que passais... peregrinos eternos do ideal, desterrados voluntários num mundo de trevas espirituais onde as vossas lâmpadas se apagam e o Amor volta a acendê-las.

Entre as geladas e pavorosas sombras que vos rodeiam, buscais às apalpadelas, com as mãos estendidas e o coração anelante, outras mãos amadas que estreitem as vossas, e outro coração irmão que compartilhe convosco as angústias e aflições do caminho... E vossas mãos se fundem no vazio imperturbável; a ansiedade do vosso coração se esfuma num longo soluço que se perde na imensidão, sem resposta.

É nesses momentos dolorosos que a minha voz reitera-vos como uma vibração de amor que vos vem de longe: "Meu reino não é deste mundo." Trilham equivocados a sua senda aqueles que, sendo meus, sonham com grandezas materiais e com tesouros transitórios, antepondo-os à satisfação do dever cumprido e da missão realizada.

"Meu reino não é deste mundo." E se sois meus há tão longínquas eras, é ao meu lado que vereis concretizar-se os vossos eternos sonhos de luz, de glória, de felicidade inefável, quando, cumprido o vosso holocausto tal como Eu cumpri o meu, possais repetir minhas últimas palavras pronunciadas na Terra: "Tudo está consumado."

Quando os ventos da vida apagarem a vossa lâmpada e as trevas vos envolverem, quando a vossa voz se perder sem resposta na solidão do vazio; quando as vossas ilusões e esperanças se desfolharem como flores sem vida levadas pelo vento; quando o vosso manancial se esgotar e abrasar-vos a sede do infinito, pensai no vosso Mestre que estará ao vosso lado para dizer-vos: "Em meu reino, que não é deste mundo, espero-vos com a eterna coroa das almas que salvastes com o vosso amor de séculos; vinde, pois, possuí-la comigo no festim divino do amor e da felicidade imperecível, conquistados pela perseverança em nossa grandiosa obra de libertação humana."

E dir-vos-ei então a eterna palavra que consagra todos os ungidos: "Tomai posse do reino que conquistastes por toda a eternidade, meus heróicos missionários do Amor, da Verdade e da Fé."

Até sempre.

O Que É a Verdadeira Vida Espiritual

O vosso ponderado amigo do espaço Hilarião de Monte Nebo tem a permissão da Lei Divina, esta tarde, para compartilhar convosco esta meditação.

Em que meditaremos senão sobre algo que se deduz da bela leitura que acabais de ouvir: a vida de Adamu ou Adão, como as pessoas costumam chamá-lo?

É a vida do justo, a "vida do homem verdadeiro, dedicado à vida espiritual", o que procurais realizar em meio à confusão e à hecatombe deste mundo trágico em que viveis.

Falarei esta tarde sobre como tornar realidade as belezas plácidas e serenas da verdadeira vida espiritual, com o fito de que minhas palavras vo la tornem mais fácil, mais doce, mais suave e mais compreensível.

Por triste experiência, sabeis muito bem que a vida espiritual está desfigurada por completo pela incompreensão humana.

Alguns acham que a vida espiritual resume-se em vestir uma túnica, retirar-se para claustros solitários, percorrer sem cessar as contas de um terço, rezar longas horas e levar uma vida austera de penitências, mortificações, jejuns e macerações, de uma maneira quase insuportável para a vida humana, o que leva a esse ostracismo austero, incompreensível, que azeda o caráter e produz um sem-número de doenças físicas. Isso não é vida espiritual.

Outros mesclam dolorosamente os afãs mundanos, as alegrias da vida de diversão e de fausto, misturando-as com orações, com retiros periódicos, com inúmeras práticas que tampouco levam à verdadeira vida espiritual.

Se queremos viver neste mundo a verdadeira vida espiritual, devemos transformar-nos num reflexo, ainda que pálido, do Divino Mestre, porque Ele foi de fato o Espírito consagrado por inteiro à vida espiritual.

Sem encerrar-se em mosteiros, sem retirar-se para regiões solitárias, sem viver afastado da humanidade, Ele realizou a vida do Apóstolo inteiramente dedicado ao bem dos seus semelhantes e à união íntima com a Divindade.

O que é a vida espiritual? É a união íntima com a Divindade; mas essa união não torna a pessoa insociável, retraída, não a faz fugir dos seus semelhantes e se isolar numa ociosa contemplação, sem participar absolutamente das atividades próprias da natureza humana.

O Divino Mestre não procedia assim; Ele convivia com todos os seus semelhantes, compartilhava suas alegrias e dores, curava-lhes as enfermidades, aliviava-lhes as angústias, procurava compreender todas as agonias da alma nas diversas situações criadas pela vida.

É verdade que a alma precisa de momentos de solidão. Isso é certo. Porque já o disse a antiga escritura do Profeta Isaías: "Procura a solidão, que aí te farei conhecer quem sou Eu, teu Deus."

Portanto, é na solidão da meditação que a alma pode compreender a Grandeza Divina, ouvir no seu Eu mais íntimo as ordens, os conselhos, as inspirações da Divindade para sua própria vida e também para a vida de relação com seus semelhantes.

É isso a meditação e é isso o que nós, Guias da Fraternidade Cristã, aconselhamos sempre aos que tiveram a bondade de ouvir os nossos conselhos, as nossas falas, sempre inclinadas a fazer de todas as almas que nos escutaram espíritos verdadeiramente consagrados a essa vida interior que põe a alma em união íntima com a Divindade, espíritos em que se encerra o desenvolvimento das grandes capacidades do ser.

É o advento desse poder interior que habilita o espírito humano a realizar o bem sob todas as formas: curar doenças, aliviar dores, evitar crimes, irradiar de si mesmo todo o bem, toda a grandeza, todo amor que emana da Divindade; isso pode ser feito pelo ser que está unido à Divindade.

"Se me amais – dizia o Mestre – como eu vos amo, se vos amais uns aos outros, Eu virei a vós e farei a minha morada no vosso coração."

Se o Cristo, com todo o seu poder divino, fizer a sua morada em nosso coração e habitar dentro de nós, estaremos capacitados a realizar todas as obras de bem, de justiça e de amor que Ele realizava, causando a admiração de todas as multidões, que as chamavam de milagres, prodígios estupendos que somente um Deus podia fazer. Daí veio o erro de acreditar no milagre, de achar que Jesus de Nazaré, personalidade do Cristo, era o próprio Deus. E esse erro continuou através dos séculos e das eras.

É verdade que uma alma purificada ao grau da evolução do Cristo é parte do próprio Deus. Por isso, um antigo filósofo afirmou: "Todos somos deuses, porque carregamos dentro de nós mesmos uma parte de Deus, um reflexo de Deus que, na evolução das idades e dos séculos, fará um dia a fusão admirável de todas as almas na própria Divindade."

Por isso, o Messias do Oriente – nome dado ao Buda –, ao dar uma definição de Deus, dizia: "É a reunião de todas as almas purificadas." Isso significa que todas as almas que chegaram à perfeita evolução se refundem numa única chama viva e formam essa grandiosa e eterna Divindade, essa energia duradoura, criadora de mundos, de sóis e de estrelas, energia que mantém o Universo numa perfeita harmonia.

Pois bem, direis vós que o vosso irmão Hilarião voa alto demais em sua imaginação, em suas criações, em seus pensamentos. Crede em mim: a esses vôos gigantescos são chamados todos os seres que habitam todos os mundos e, embora seja a Terra um planeta de expiação, de aprendizado e de teste, se triunfardes nas provas a que sois submetidos, podeis estar certos de que dareis um passo gigantesco na vossa evolução e vos aproximareis um pouco mais dessa suprema Divindade que levais em vós mesmos, no vosso mundo interior, Divindade às vezes adormecida pelas fatuidades da vida; porque as coisas miúdas, frágeis e volúveis vos absorvem demasiadamente e vos esqueceis de que levais dentro de vós um princípio de Deus e de que, se vos dedicardes um pouco a meditar sobre isso, essa mesma convicção profunda vos levará ao desejo de engrandecer-vos – espiritualmente, é claro – para chegar a essa suprema perfeição em que as almas abraçam, amam, desposam intimamente essa Divindade e se unem a outras almas, a fim de constituir esses céus de Deus, que o Divino Mestre chamava de "Reino de Deus".

Todas estas coisas que vos estou dizendo podem ser encontradas por vós na vossa meditação, quando por meio da oração buscais a união com a Divindade.

Essa é a verdadeira vida espiritual. Sabereis que tivestes um contato íntimo com a Divindade quando sairdes da alcova solitária em que tiverdes feito essa meditação; sabereis – digo – que a Divindade esteve presente ao vosso lado e que presenças invisíveis acompanharam a vossa meditação, que Deus penetrou em vosso eu íntimo, que constituís uma única coisa com Ele, quando, ao sair dessa meditação, vos sentirdes mais tolerantes com relação aos defeitos do próximo, mais cheios de amor por todos, com mais vontade de renunciar às pequenas coisas volúveis e fugazes da vida.

Se perseverardes nessa forma de meditação, acabareis por ver todas as coisas do mundo como passando ao longo de vós, num plano secundário, porque o essencial para vós é a vida de vosso espírito, eterna como eterno é o Deus do qual emana.

Vereis as coisas da vida, agradáveis ou desagradáveis, como coisas secundárias que não devem preencher nem absorver por completo a vossa existência; porque nada os comoverá ao extremo de causar-vos vertigens de desespero, de desorientação, de negras trevas que envolvem a alma e a impedem de ver os caminhos que deve trilhar.

Isso não aconteceria se buscásseis na oração, como é devido, a união com a Divindade.

Na Fraternidade Cristã – escola humilde e modesta, mas dedicada em especial ao cultivo do espírito –, *não deve ter curso a idéia de perder tempo com longas orações vocais, ou de aprender de cor as orações que outros pensaram e criaram, porque isso não é a verdadeira meditação.*

A verdadeira meditação é aquilo que o sentimento de cada espírito o inspira a dizer ou pensar, porque a oração é silenciosa; nada mais que o pensamento esvoaçando entre o céu e a Terra, procurando esquecer as coisas passageiras da vida para mergulhar na imensidão infinita de Deus em atos de suprema confiança Nele; sabendo com certeza que essa Divindade vela por cada uma das pequenas criaturas emanadas de Si mesma e que nós, os seres que habitamos este planeta, ou que estamos agregados a ele, temos um Grande Guia, um Instrutor Único, o Divino Mestre a quem vimos seguindo.

A idéia de Deus é tão abstrata que às vezes nossa mente se perde ao procurar captá-la; ela é como um raio de luz que nos escapa. Muitas vezes, não é possível sentir a idéia de Deus como algo próximo.

Mas, para esses momentos e para as almas que percebem esse abismo entre elas mesmas e a Divindade, há o Cristo Divino, um ser que teve encarnações humanas como as nossas. A alma pode segurar-lhes as mãos, pode abrigar-se sob o seu manto, pode recostar a cabeça no seu coração e dizer-lhe: "Mestre, eu nada sou, nada tenho e nada posso. Tu sabes o que eu sou e sabes do que preciso para aproximar-me da Divindade."

A vida espiritual leva o ser a compreender melhor as misérias humanas. Ela o torna mais tolerante, mais caridoso, mais cheio de piedade e misericórdia para com os infelizes que ainda não compreenderam nem atingiram os caminhos de luz pelos quais andais.

É verdade que o apóstolo de Deus – e eu vos considero a todos apóstolos do Supremo Ideal que abraçastes – que se une à Divindade e se consagra desta forma que vos digo, para o vosso próprio bem e para irradiar o bem e o amor a todos os seres alcançados pela força de vosso pensamento, também vive em grande solidão.

Considero-vos, portanto, apóstolos de Deus e sei por experiência própria que vivereis, às vezes, em grande solidão, porque não sereis compreendidos pelas pessoas que vos cercam; percebereis às vezes o pensamento delas, que vos qualifica de fanáticos, sonhadores, seduzidos, visionários, e padecereis profunda tristeza por causa dessa incompreensão.

Cumpre imaginar a solidão do apóstolo de Deus como a de um viajante apressado por chegar ao final da sua viagem, e que faz parte de uma caravana um tanto preguiçosa, lerda, pesada, que vai fazendo longas paradas para descansar, divertir-se, entreter-se em jogos, em diversas coisas. O viajante que caminha apressado por chegar ao final sofre com essas demoras e gostaria que os outros andassem num passo igual ao dele.

Eu mesmo passei por essas coisas e sei que muitos de vós também as sofreis. Dói em vós a incompreensão dos vossos semelhantes, doem-vos às vezes as ingratidões, as deslealdades, as amizades efêmeras que vêm e vão como as ondas do mar; tudo isso atormenta a alma do apóstolo de Deus que é forte, inamovível e sincero, apóstolo que sabe caminhar a passos largos rumo à suprema verdade e rumo ao ideal infinito descoberto em suas meditações.

Compreendi tudo isso e conheço tudo isso porque passei por essas coisas, e vós também passais por elas e sofreis muitas vezes, agonias tremendas que vos põem fora dos eixos e às vezes os levam a pensar que estais sozinhos no mundo, chegando até a perguntar a Deus por que vos mantêm na vida, se nada podeis proporcionar à vida, nem ela a vós.

É então que o apóstolo de Deus, o discípulo de Cristo, deve abrir a alma à meditação solitária e encontrar assim, na presença invisível dos seres do espaço, que compreendem e sentem essas coisas, toda a força, toda a energia, toda a paciência, toda a conformidade que são necessárias para continuar vivendo serena e placidamente, irradiando doçuras de amor e suavidades de ternura para todos os seres que vos cruzarem o caminho.

Essa é a forma de fazer o bem e a prova de que a vossa meditação é de fato feita de alguns momentos de união com a Divindade, porque esta vos transformou e vos fez sentir-vos mais fortes, com mais energia, com mais vitalidade, olhando de uma perspectiva mais elevada todas as misérias humanas que tanto vos magoam a alma.

Eu gostaria que minhas palavras servissem para que confrontásseis a vossa vida espiritual com este esboço que vos fez Hilarião vosso irmão. Se virdes que há algo de diferente, procurai imitá-lo um pouco.

Eu vos asseguro – em nome do Divino Mestre – que vossa vida se encaminhará como que por trilhas de seda, que sofrereis menos com os inevitáveis choques da vida e com tantos seres muito afastados de onde estais, seres que percorrem caminhos muito diferentes dos vossos.

Eis a verdadeira vida espiritual: a que faz avançar o espírito pelos caminhos de Deus.

Às vezes, sentis tremendas lutas interiores e não sabeis como pacificá-las, porque tendes também um coração de carne que às vezes pede o que vós não podeis nem deveis dar-lhe. Pois eu vos asseguro que, se levardes a vida espiritual segundo a forma devida, também aprendereis e podereis ser senhores de vós mesmos, senhores do vosso mundo interior, de maneira que sempre permaneça flutuando sobre todas as baixezas humanas a Divina irradiação que Cristo deixará impressa em vossas meditações.

Peço ao Mestre Divino, que do seu céu de amor terá ouvido as minhas palavras, que irradie toda a sua ternura e todo o seu amor sobre vós, mensageiros seus, visto que estais encarregados de divulgar a sua obra para toda a humanidade.

Ele vos considera mensageiros seus nesse sentido que vos digo; e deveis ter plena confiança de que Ele vela sobre vós, sobre a vossa vida e sobre tudo o que é necessário para continuar esta jornada e concluí-la da forma pela qual a concluiu Adamu, com as bodas místicas dos amados ausentes no céu, que vieram recolher-lhe o espírito para mergulhá-lo na imensidão de Deus.

Isto é o que vos deseja o vosso irmão Hilarião para os vossos dias na Terra e também para a vossa hora final.

Que o Divino Mestre vos abençoe e que a sua paz vos acompanhe em todos os momentos de vossa vida.

Até sempre.

Despertar Para uma Compreensão Nova da Verdade Eterna

Que o Amor e a Paz estejam convosco.

Evocastes-me com uma intensidade de amor e de angústia tão forte que o vosso chamado chegou a mim como uma voz íntima à qual o meu amor não pode deixar de responder.

Nesta hora terrível em que essa humanidade aparece envolta no fragor de uma áspera tormenta de ódios, rivalidades e vinganças, em que nuvens de sangue e de pranto escurecem o horizonte, como pude rasgar com o meu pensamento uma nebulosa tão densa para fazer-me ouvido por vós?

Afirmou-se com acerto, num dia longínquo: "O Amor transpõe todos os abismos." "O que Deus uniu, os homens não separam."

Eis por que posso atender ao vosso fervoroso chamado, nesta hora em que vos vedes deprimidos pela angústia, que paira como uma asa fatídica na atmosfera deste planeta, mergulhado já na crise precursora da sua próxima transformação.

Vejo-vos açoitados por dolorosas tempestades íntimas que põem em alterada tensão as fibras mais sensíveis do vosso ser; isso porque, em função de pequenas ou de grandes fraquezas, ou da inconsciência, permitis a entrada em vosso mundo interior dos eflúvios que se desprendem dessas tremendas vagas de ódio, rivalidade e perversidade nas quais forças contrárias se chocam, produzindo a destruição e o caos que por lei inexorável e justa devem sobreviver.

É um milagre que o Mestre se faça ouvir nesta hora! – é o que diríeis se não tivésseis conhecimento da irresistível *força do Amor*, da soberana majestade do Amor que vence todos os obstáculos, transpõe todas as barreiras e os mais profundos precipícios quando sua poderosa irradiação vibra em uníssono com aqueles que de fato me buscam e me chamam.

E como não perceber a angustiante voz deste ser que por Lei de séculos e séculos está unido a mim na ansiosa busca do mesmo ideal supremo, de idênticos martírios e em dores comuns?

Como negligenciar o seu clamor que me diz: Mestre... em que Terra me deixaste, mergulhada em negras trevas em que o espanto, o terror e a solidão produzem a cada passo angústias mortais?

Mulher...! Todo deserto tem seus oásis, toda sombra, seu raio de luz, toda solidão, seu canto suave de infinita melodia... E hoje tens em torno de ti a vibração íntima e doce do amor que buscas e que preencherá de nova energia a tua esmorecida esperança...! Que mais desejas, mulher?... A sabedoria da Eterna Lei dá a cada um de vós uma recompensa em conformidade com o que o vosso amor é capaz de perceber e de irradiar, pois vós mesmos sois os forjadores da luz ou das sombras que vos envolvem.

Ninguém aprisiona a livre soberania da vossa vontade, empenhada nas grandes conquistas do ideal, fazendo-o porém com uma inconsciência que às vezes entorpece o vosso caminho e obscurece-vos o horizonte; porque encobris a luz que vos ilumina e derramais em vão a água de saúde que vos reanima a energia e faz florescer de novo a vossa esperança; porque às vezes mergulhais num tumulto de pequenas ansiedades e de penosos desejos que, tão logo satisfeitos, voltam a deixar vossa alma vazia, inquieta e perturbada.

Vejo-vos e sinto-vos a todos em torno de mim, neste instante em que, estreitando de novo as vossas mãos e unindo sobre o meu os vossos corações, selo outra vez o pacto milenar que nos conduziu, mais ou menos unidos, em busca da Justiça, do Amor e da Sabedoria. E que esta renovada aproximação, no infinito pélago do Amor Eterno, tenha o objetivo de despertar em vós a consciência da vossa responsabilidade na hora atual, já que livremente aceitastes ser instrumentos da Eterna Lei que começa a ditar novos rumos e novas orientações para a civilização, também nova, que não tardará a chegar.

Prometestes ser as colunas de âmbar e cristal que protegem com sutis ressonâncias a abóbada transparente sob a qual o vosso Mestre ditará a Bíblia do futuro, a nova Lei para a humanidade do amanhã, neste canto do planeta, futuro plantel do mais elevado conhecimento e da mais perfeita fraternidade.

E dormis ainda na inconsciência e na pequenez das crianças, deslumbrados por efêmeras alegrias, quando para muitos de vós a tarefa ainda está por começar? *Porque do vosso decidido empenho em engrandecer e purificar a vossa vida* depende o cumprimento dos pactos solenes que assumistes. Porque sois vós os forjadores da vossa personalidade.

Porque sois vós que deveis pôr o vosso firme querer à disposição do que a Lei determinou para vós. A Eterna Justiça, a Divina Sabedoria conhece e avalia o peso da matéria que vos envolve e a reação contrária que as circunstâncias dos vossos caminhos individuais vos opõem. Não tenhais medo de que vos faltem o auxílio e a força necessária para que triunfem os vossos anseios, se eles são superiores às ninharias insignificantes nas quais tantas vezes enredais vossos passos, retardando lastimosamente a chegada da paz, da felicidade e do amor, que buscais com tanta ansiedade.

E se até agora minhas palavras e minhas confidências só foram para vós um transbordamento de ternuras e de amor, chegou a hora em que deveis despertar para uma compreensão nova da Verdade Eterna, porque a Lei Divina põe uma nova tocha de luz nas minhas mãos para iluminar os caminhos, também novos, da humanidade do amanhã.

Que importância tem o fato de que, passados poucos anos, vossa matéria atual se desagregue em pequenos átomos, se uma nova vida vos trará para formar os novos santuários da Verdade e do bem, onde sereis aprendizes e mestres do ensinamento recebido por vós na hora atual?

Compreendeis então a grandeza solene desta hora na qual, enquanto a inconsciente humanidade se aniquila e se destrói, vós, um grupo de seres carregados de dor, vos congregais para serem colunas do templo astral, onde as grandes inteligências ditarão o código para a civilização que chega?

Mostrai-vos merecedores da grandeza que minhas palavras vos permitem vislumbrar, e não desistais da vossa antiga e sagrada aliança, porque nela está alicerçado o castelo de luz e de flores da vossa libertação e felicidade futuras.

Que a Eterna Energia, ao recolher em seus raios de luz as vibrações das vossas almas e da minha, neste instante solene, torne mais forte e indestrutível em vós este pacto que nos une e nos transforma num único anseio de Verdade, de Justiça e de Amor.

Que a Paz Divina esteja em vós.

Guardai-vos da Inconsciência

Eis o rouxinol do Amor Eterno que volta ao seu ninho de amores terrestres, atraído pela fervorosa voz de vossos corações.

Vós me chamastes, me buscastes, escalastes os céus infinitos com a flecha de luz do pensamento e, pela imensa brecha aí aberta, estendi meu vôo em vossa direção, filhos meus desterrados, a quem me vejo fortemente unido por toda a eternidade.

"Os céus e a terra passarão", eu disse um dia, "mas minhas palavras não passarão, porque são um resplendor da Verdade eterna." E sempre vos repeti: "O que Deus uniu ninguém pode separar." É o amor desinteressado e puro um elo sumamente forte e indestrutível, mais do que as duras montanhas de granito, mais do que as fortalezas flutuantes de ferro e aço, criações do egoísmo e da soberba humana; mais forte do que as dores e do que a morte.

Por isso, estou no meio de vós, anulando os ódios dos homens que formam uma espessa nebulosa na hora presente. Mais forte do que esses ódios foi o vosso amor por este lírico sonhador de séculos e séculos, que vos levou a calcar seus próprios sonhos no vosso ser mais íntimo.

Bem-aventurados sereis se souberdes fazer do vosso pensamento uma chuva de estrelas que iluminem os obscuros caminhos dos homens.

Bem-aventurados sereis se, como novos Moisés, fizerdes com o vosso pensamento brotar água clara das rochas áridas da ignorância humana, a fim de que nela lavem suas chagas cancerosas os leprosos do espírito, que formam a esmagadora maioria nesta era de degradação e decadência.

Bem-aventurados sereis se tiverdes a coragem de nadar contra a corrente, suportando com o peito desnudo o tremendo impulso da marulhada que avança.

Pertenceis à mesma escola de Elias, de Isaías, de Ezequiel e de Henoch, os Profetas dos antigos tempos, que lutam em altos postos à frente dos grandes países chamados nesta hora trágica da transformação do planeta a sustentar os princípios da igualdade, fraternidade e liberdade humanas.

A ação deles à vista das multidões, e a vossa no silencioso retiro dos trabalhadores ocultos do pensamento, vibrarão em uníssono para chegar à conquista do que foi o meu sonho de séculos: "O reinado do amor na humanidade deste planeta."

A Alma Mãe de tudo o que vive recolhe neste instante o vosso hosana de amor e fé, unido ao concerto dos mundos que cantam sem interrupção: "Glória eterna a Deus nas alturas e paz aos homens de boa vontade."

Sou, neste instante, o pai de família que partiu para terras distantes deixando os filhos à frente da sua herdade e, ao voltar para o seu lado, lhes pede contas do trabalho em seu campo. E em conformidade com o trabalho, o desinteresse e o desapego deles será a recompensa conquistada, não em ouro nem em pedras preciosas, mas em verdadeiro avanço espiritual, o único bem que os acompanhará por toda a eternidade. E ao examinar o vosso trabalho na propriedade do Pai, eu vos digo: Protegei-vos do único delito que podeis cometer neste momento da vossa evolução: "*a inconsciência.*" Quero indicar-vos com isso que em todos os vossos pensamentos e obras deve haver o máximo de bem, de verdade e de justiça, porque depois de muitos anos ouvindo profundas lições, primeiro dos vossos Mestres e depois dos meus mensageiros, não podereis pretextar ignorância, como o fariam as multidões para as quais ainda não foi descerrado o véu branco do Tabernáculo.

Meus filhos, ternos e amados fragmentos da minha alma de Messias dessa Terra em que vós e eu tanto padecemos...! Que esta nova aproximação da minha alma à vossa seja o início de uma nova era para vós e para a obra de luz e de amor que em meu nome realizais.

Não vos digo adeus!

As almas que se amam não estão sujeitas à ausência, ao esquecimento nem ao adeus.

Morta de Tristeza Está Minha Alma

"Morta de tristeza está minha alma!" – exclamei numa hora longínqua em meio a seres incapazes de chegar ao mais profundo dessas palavras, seres que me perguntavam aflitos: Por que estás triste, Mestre?

E hoje, ao repetir essa mesma exclamação diante de vós, ouço também a pergunta de uma alma que, pela Lei desta hora, me ouve de mais perto do que os outros, com a intensa emoção que produz no seu ser a vibração do meu espírito: Por que estás triste, Mestre?

E respondo a esse pensamento com um profundo clamor que comoverá fibra a fibra as almas adormecidas dos homens da hora atual, hora em que se calarão os suavíssimos arrulhos da Piedade Divina para ceder lugar à tremenda marulhada da Lei da Justiça Divina, inerente ao Absoluto que é a Lei do Amor, da renovação, do progresso, em momentos e casos determinados para os mundos e para as humanidades. E, do alto desta morada onde por Lei me encontro, contemplo o desfile dos seres desta Terra pelos quais com tanto amor sacrifiquei vidas e vidas, desfolhando sobre eles, aos milhares, as frescas pétalas da Verdade Eterna.

E com dor eu os vejo como de outras vezes, a fronte inclinada para o chão, em sua imensa maioria, como seres inconscientes que se afundam no lamaçal e no lodo, arrastando-se na ansiosa busca de ouro e de prazer.

Percebo a premência da Lei Eterna, cujos executores estendem já suas redes em todas as direções em torno deste Planeta, cuja hora de transformação já está à vista nos arcanos do Infinito, e pergunto-me a mim mesmo: Quando toda a Terra estremecer e tremer, quando as próprias montanhas se chocarem umas com as outras e desaparecerem sob a imensa marulhada das águas que invadem o que antes fora repositório de vida e de luz, será possível que só o coração do homem permanecerá impassível, apegado ao que é vil e inconsistente, ao que perece e se esfuma, sem que nem os cantos do amor nem o terror da Justiça o despertem da sua espantosa loucura?

Homens da hora atual, poderosos dominadores de multidões que lucram com o suor e o sangue dos vossos irmãos! Pensai ao menos por um momento que estais semeando uma angústia de séculos para vós mesmos e que, em conseqüência da complacência egoísta com todas as vossas ambições, a Lei Eterna vos afundará em mundos de geladas trevas, onde seres em primitivo estado de ferocidade farão o que fizeram com os fracos que esmagais conscientemente no vosso caminho rumo ao abismo...!

Proletários rebeldes que vicejais com a desordem e sublevais contra os homens do ouro e do poder enquanto carecem disso, mas que no dia em que conseguem vê-lo brilhar em vossas mãos vos tornais ferozes e sanguinários tiranos, mutilando vida e honra sob vossos pés assassinos! Pensai que não é por meio do ódio que se conseguem o amor, a paz e a felicidade, e que o baixo e grosseiro prazer que cobiçais sem o obter fugirá mais e mais de vós até que, na hora da Justiça que chega, tenhais de tirar pão das pedras do caminho.

Homens de ciências e letras, grandes e pequenos, poderosos e fracos que desprezastes a Lei Divina pela brutal satisfação da vossa cobiça e baixas paixões, detende por um instante os passos que vos levam ao abismo e buscai o frescor da Piedade Divina, ao menos um momento antes de se calarem para vós os suaves sussurros, como de corolas molhadas de orvalho, que ainda vibram em almas escolhidas no meio da vossa selva obscura e pavorosa.

Mulheres da hora presente, ungidas pela Lei Divina como sacerdotisas do dever, do amor e da ternura, vós que aceitastes a vida para trazer aos jardins de Deus trabalhadores da Verdade e do Bem, para forjar grandes almas na sagrada escola da pureza de costumes e santidade de vida, e que com vossas vaidades e ambições os impelistes por escorregadias ladeiras de corrupção e de vício, de luxo e de prazer.

Vós, transformadas em divindades lascivas, que sem vergonha, sem dignidade e sem pudor, ides pela vida arrastando a vossa túnica dilacerada, que serve de laços para arrastar outros ao abismo, prostituídas antes de ter chegado à maternidade, sublime sacerdócio que renegastes deslealmente.

Mães da hora atual, mães do futuro, o que ireis responder à Justiça Divina que chega sem dilação, porque a Piedade infinita quer inundar de amor, de paz e de sossego aqueles que, mais conscientes do que vós, passaram séculos e séculos em meio às multidões enlouquecidas suportando grilhões, o desterro, as perseguições, a fome, as misérias e até a morte ignominiosa?

Homens que vos designais como espiritualistas e que cresceis à sombra dos santuários de todas as crenças e de todos os cultos, envaidecidos pela auréola de santidade da qual falsamente vos rodeais, sem fazer o menor esforço para depurar as vossas vidas a fim de servirdes de luz e de guia aos outros, que em altas vozes chamais Mestre!, Mestre!, pronunciando a palavra tão-somente com os lábios, enquanto o coração permanece duro e gelado para as obras de verdade e de sabedoria, de justiça e de amor.

Não quero sentir esse 'Mestre!' de lábios maculados de lascívia, de mentira e iniqüidade, porque são vozes de injúria e de opróbrio para Aquele que, por decreto da Lei Divina, personifica a Verdade Eterna, lê no mais profundo das consciências e examina o registro secular de vidas perdidas para a evolução do espírito!

Como não exclamar do alto desta esplanada em que pela Lei me encontro: "Morta de tristeza está minha alma", se de morte ela fosse capaz, contemplando a dolorosa visão da inconsciente humanidade terrestre precipitando-se no abismo, enganando-se a si mesma, de que caminha para a Luz e para a felicidade.

Que ao menos vós, grupo de seres que ouvis as minhas palavras e ouvis a vibração do meu espírito, respondei à Bondade Divina que vos deu durante séculos, com generosa abundância, a água clara da Verdade, da Justiça e do Amor porque, se nem isso me fosse permitido recolher nesta hora final, eu deveria dizer-vos tal como àquelas povoações galiléias que mais do que ninguém saborearam o mel das minhas ternuras de enviado do amor eterno à humanidade: "Ai de ti, Betsaida... ai de ti, Corazin, porque se em Tiro e em Sidônia tivesse resplandecido a grandeza de Deus como para vós, elas teriam chorado com lágrimas amargas seus extravios e iniqüidades!"

Que ao menos vós, que vos reunis para formar o recinto espiritual das minhas manifestações na hora presente, estejais conscientes das suas alianças e do pacto que fizestes, e ofereçais ao vosso Mestre, a quem pedis que vos salve, formosas flores de obras em harmonia com a pureza do meu ensinamento; oferecei ao Mestre a prova cabal de que desejais ser salvos e engrandecidos nesta hora final do triunfo definitivo do amor sobre a Terra.

Que a luz de Deus esteja sobre vós.

De que Natureza É o Amor Que o Mestre Tem Por Vós

Que a Paz esteja convosco.

"Esperando o amor..." Um dia, há vinte séculos, em minha última vida na Terra, quando eu era muito pequeno, cheguei a um dos santuários essênios e, quando ia entrar no santuário de oração em que se achavam os solitários que cantavam "Esperando o amor", compreendi que era a mim que eles esperavam. Assim me exprimo a vós hoje, com a mente lúcida, diferente de quando eu tinha doze anos de idade.

Há muitos séculos e muitas idades venho até vós para trazer-vos o amor e volto a repetir-lhes as palavras que vos disse um dia: "Se vos amardes como eu vos amo, meu Pai e Eu viremos ao vosso coração e nele faremos a nossa morada."

Talvez já tenhais pensado alguma vez, e quem sabe muitas vezes, de que natureza é esse amor do Mestre, pois a palavra amor pode ter muitas acepções.

É uma cópia dos céus de Deus, um fragmento de Divindade que traz envolto em si todas as perfeições de Deus, todas as grandezas de Deus, todos os poderes de Deus.

"Se vos amardes como eu vos amo..." então e tantas vezes quanto agora, derramo esse amor sobre vós desejando levar-vos a compreender como é o meu amor, esse que transbordou ao longo das eras, como Anfião sob as palmeiras de Atlântida, como Antúlio em sua Escola da

Divina Sabedoria, como Abel nas ribeiras do Eufrates, até chegar a esse Jesus de Nazaré que tão vivo conservais na memória.

Deveríeis meditar todos os dias nesta frase minha: "Como é o teu Amor, Mestre?", e em silêncio deveríeis pensá-lo.

É amor de abnegação que se esquece de si mesmo para pensar em vós. Se lêsseis nas entrelinhas o que o irmão Hilarião escreveu em *Harpas Eternas*, compreenderíeis até que ponto me esqueci de mim mesmo para pensar nos outros.

Compreendo que a evolução de cada um tem seus limites e que cada um só é capaz de amar segundo a sua capacidade. Mas se meditardes no amor do Mestre, vosso amor se dilatará como o infinito azul, como as estrelas que se espelham no mar.

Mas vós pensais muito em vós mesmos e julgais que as criaturas que passam ao vosso lado deveriam dar-vos algo mais.

Dir-me-eis que viveis num mundo de depravações e de misérias. Não deveis confiar em todos, mas em vós, pois para isso eu vos trouxe aqui.

Esta é uma escola divina de Amor, e eu vos falo desta maneira porque dedicastes hoje a vossa atenção à minha confidência: "Esperando o Amor."

Esse grande amor do qual vos falo tem inúmeras manifestações. Todas elas se propagam no ambiente, como um perfume de lírios brancos que não admitem mácula de nenhuma espécie.

Um amor sereno e confiante. Confiai uns nos outros como em vós mesmos.

Todas as manifestações desse amor são sublimes. Trata-se do amor dos meus escolhidos.

Lestes nas lendas religiosas que houve seres que viveram desse amor na Terra. É verdade, mas foram mártires desse amor.

O amor é algo tão sublime e grandioso que eu ainda não vos disse que só os anjos de Deus o pressentiram e o vivem nos céus.

É certo que há anjos encarnados em alguns cantos desta Terra, mas todos são mártires, desse martírio lento e profundo que sentem os seres que compreendem o amor tal como Eu o trouxe à Terra; e, vendo que esse amor é uma flor exótica e que suas vibrações não encontram ressonância em outros corações, continuam a sofrer todos os dias, porque não encontram na Terra quem responda ao seu sentimento. Eles vêem passar as criaturas que ouvem suas melodias doces e suaves sem se deterem para escutá-las, criaturas que percebem os resplendores dessa luz e não param para olhá-la; que vêem as águas serenas da fonte de águas vivas e não se aproximam para bebê-la.

Eu vim para trazer-vos esse amor, para desfolhar sobre vossos corações as rosas vermelhas desse amor de séculos, tão incompreendido nesta Terra, amor que me fez dizer certa feita: "Vim em busca de seguidores e os homens me deixaram..."

Se vos amais como eu vos amo, o reino de Deus está em vós, com toda a sua divina magnificência.

É isso, e não outra coisa, o que vos falta para adquirir os poderes de Deus.

Os sábios em diversas ciências, e sobretudo no ocultismo, ainda buscam a forma de adquirir os poderes divinos para beneficiar a humanidade, e não compreenderam até agora que só no amor encontrarão esses poderes em toda a sua plenitude. O Amor é tudo no Universo.

Meditai nesta pergunta: "Como é o Amor com que o Mestre nos ama?" Quando tiverdes compreendido bem essas palavras, os poderes do Pai virão a vós.

Que o Amor Eterno do Pai se derrame sobre vós, os escolhidos desta hora final, e que Ele seja luz, consolo e esperança, e sobretudo uma perene fonte de energia divina para que continueis a trilhar o caminho que iniciastes.

Até sempre.

A Confiante Esperança na Bondade Divina

Que a Paz esteja convosco.

Costuma aparecer para algumas almas muito veementes e emotivas, depois de terem reconhecido suas fraquezas e deficiências, um pensamento tão pesado, tão sério e vívido que as leva ao desalento e ao pessimismo, julgando elas que nunca poderão obter a capacidade de elevar-se aos cumes de serenidade, de paz e de felicidade a que chegaram tantas almas que, com generosas renúncias e esforços, escalaram a montanha santa da perfeição.

Temos um exemplo vivo de um desses casos: a suprema dor do Apóstolo Pedro quando um olhar do augusto Mestre, já prisioneiro, lhe recordou a dolorosa predição: "Antes que o galo cante três vezes ao amanhecer de um dia fatal, por três vezes me terás negado."

Enlouquecido de dor, Pedro se retirou daquele lugar e, escondido no mais obscuro canto de sua morada, pôs-se a chorar inconsolavelmente; mais ainda do que se lhe tivessem lido uma sentença de morte. Ele não admitia ouvir nenhuma palavra humana nem falar com ninguém, porque seu remorso enchia de angústia todo o seu ser e ele se julgava irremediavelmente perdido.

Se Pedro tivesse podido pensar por alguns momentos na infinita bondade de Deus para com suas criaturas, fagulhas emanadas de seu Amor Eterno, e nas palavras de seu Cristo Divino: "Teus pecados te são perdoados porque amaste muito", não teria mergulhado na treva do pessimismo da qual demorou anos a libertar-se.

Desse exemplo vivo surge de imediato o único remédio eficiente para tão doloroso estado de espírito: *a esperança confiante na Divina Bondade* e a união, com amor, ao nosso amado Mestre, mediador eterno entre a Suprema Potência e a fraca criatura humana, a todo momento exposta a ser vítima de sua própria fraqueza e dos mil obstáculos com que a vida material entorpece o vôo do espírito aos cumes serenos, cheios de paz e de felicidade, a que chegaram as almas purificadas por caminhos idênticos aos que todos percorremos, mas levando sempre acesa a lâmpada da decidida vontade e da firme esperança na ajuda divina que nunca nos há de faltar.

Que a Luz do Cristo Divino esteja convosco para que conquisteis a vossa perfeição, que é a paz, a felicidade e o bem por que ansiais.

Que Ele vos abençoe.

O Sinal do Cordeiro Pascal

Que a paz de Deus esteja convosco, meus amados essênios das montanhas.

O pensamento do vosso Mestre volta a fazer-se perceber em vós, transformado em palavras que chegam como raios de luz a vos iluminar o caminho.

Tereis de viver dias aziagos neste fim de ciclo em que a humanidade que vos cerca levou ao máximo os horrores criados por sua ambição e egoísmo, por sua desmedida soberba e por sua corrupção sem limites.

O amor tantas vezes semeado por mim nesta Terra secou ao contato com o fogo das paixões humanas, e vós, mártires da hora derradeira, meus apóstolos do final deste ciclo, viveis entre o espanto e a incerteza, que vos tornam a vida extremamente penosa e às vezes vos fecham todos os horizontes e vos entorpecem os caminhos.

Eu vos digo: vivei como a crisálida encerrada em seu casulo de seda e não vos lanceis ao mundo, que, mais inconsciente do que malvado, é como um dragão que tudo devora e destrói, mutilando vidas e afastando-vos uns dos outros com seu hálito de fogo.

Encerrados em vossos lares, na oração e no trabalho encontrareis a vossa defesa tal como em outro momento do povo de Israel, que, alertado pela voz de Moisés, pôs em suas portas o sinal de sangue do Cordeiro Pascal para que os anjos da Justiça Divina não ferissem os filhos de Deus. Não com sinais de sangue, mas com o retiro, a oração e o trabalho vos defendereis da voragem que breve se desatará em função da inconsciência e da corrupção deste mundo, que corre enlouquecido sem ver o abismo a que se dirige desenfreadamente.

Breves palavras são estas, por causa da fraqueza do instrumento de que me sirvo, mas virei outra vez a vós para o nosso festim de bodas, festim em que eu mesmo vos entronizarei no santuário íntimo dos meus discípulos e amigos perseverantes, no meu caminho do amor fraterno, que livremente quisestes seguir.

Sou grato a vós que me destes meios para derramar sobre este mundo enlouquecido pelas paixões a roseira branca destes livros, que são a minha oferenda derradeira à humanidade que, em sua grande maioria, não os deseja nem é capaz de compreendê-los.

Vós vos julgais tão pequenos e fostes capazes de ajudar o Mestre a realizar o seu desejo.

Deixo-vos a minha bênção e a minha paz como penhor do meu amor.

O Bom Samaritano

Choro com olhos que não são os meus. Falo com uma voz que não é a minha, mas são a minha dor e o meu pensamento que vibram no meio de vós e se transmitem em ondas íntimas às vossas almas, que me ouvem como o próprio eco da eternidade.

Falei-vos um dia numa parábola que meus cronistas denominaram do Bom Samaritano, parábola cujo significado agora lhes explico.

Um homem descia de Jerusalém a Jericó e foi assaltado por facínoras que, depois de maltratá-lo e roubá-lo, o deixaram meio morto e fugiram. Passaram por aquele caminho sacerdotes, levitas e homens do povo, e nenhum se atreveu a socorrê-lo, porque o seu estado lhe dava a aparência de um cadáver.

Dei ao homem que, por fim, teve piedade dele o nome de samaritano para dar a entender aos religiosos hebreus que me ouviam que o amor e a piedade são patrimônio das almas e não das formas de religião ou de culto.

O viajante que, ao passar, sentiu amor e piedade por ele colocou-o em seu cavalo e, levando-o à pousada mais próxima, o confiou ao dono desta mediante o pagamento antecipado de uma bolsa de talentos de ouro, oferecendo-se para voltar depois de determinado tempo a fim de levar o enfermo, já sadio, a um país encantado de paz e de felicidade.

O homem da piedade e do amor voltou um dia e ouviu a queixa do estalajadeiro, que disse: "Senhor, fiz tudo o que pude para curar esse homem que o senhor me confiou, mas ele se esforça por aprofundar suas chagas e destroçar sua vida, nada tendo eu podido fazer por ele."

O piedoso viajante afastou-se entristecido porque seu esforço havia sido inútil. Tal e tão triste é a vossa atual situação, que causa angústia a quem os contempla de um plano superior.

Como pode chorar e sofrer este Jesus glorificado pelo Pai, se tem o mérito de seus próprios esforços e sacrifícios de séculos e séculos?

Como pode o vosso Messias sofrer e chorar, se está mergulhado na bem-aventurança do amor eterno de Deus?

Como pode o vosso Mestre sentir a profunda amargura do vosso atraso e da vossa iniqüidade, se longos séculos de purificação o tornaram credor das divinas compensações?

Um dia, o amor elevou-se em mim a cumes ignorados por vós e, postando-me neles, eu vos vi através de minhas lágrimas, arrastando a vossa fraqueza e miséria por abismos sem saída, por selvas de trevas impenetráveis, por desertos abrasadores; vos vi feridos, destroçados... derrotados!

Sem coragem para deixar-vos perecer mergulhados na vossa própria miséria, deixei-me conduzir pelo Amor Eterno, pela Piedade Infinita, pela Misericórdia, ao local em que vós, desamparados, doentes, feridos e tristes, vos encontráveis; e ofereci-vos o remédio, o bálsamo, a luz, o ar, a água e o Sol para erguer-vos da vossa grande prostração; mas como antes da minha vontade está o seu livre-arbítrio, que me impede de tocar num único fio de cabelo da vossa cabeça se não o desejardes, eis-me aqui com minha carga de piedade e de amor, sem nada poder fazer com ela senão ver-vos caídos, destroçados, derrotados, e ver também que, no seio da vossa miséria, rejeitais a mão que vos estendo em meio às trevas em que estais.

Porque, mergulhados na matéria, esquecei-vos do espírito; porque só pensais em satisfazer os baixos desejos da vossa natureza carnal e julgais ver necessidade nos grosseiros instintos da animalidade; porque não sois capazes de negar à vossa matéria o que envenena o espírito, porque não examinais a própria consciência e agis como insensatos que se apegam a uma vida fugaz e passageira, que não perdura mais do que um sopro de vento: por isso estais aprisionados, feridos, derrotados, doentes e pareceis chafurdar na vossa própria abjeção e ruína, inutilizando para vós mesmos os sacrifícios de séculos do vosso Mestre e de todos os espíritos de luz que, compadecidos da vossa miséria, se esforçaram por levantar-vos à altura do vosso eterno destino.

Chegada a hora final de voltar ao Pai com a grandiosa oferenda de todas as almas confiadas à minha piedade, e satisfeitos por mim esse Amor Eterno, essa Piedade Infinita, essa Misericórdia Única, obrigar-me-eis a retornar a Ele e, a exemplo do estalajadeiro dirigindo-se ao compassivo samaritano, dizer-lhe: "Meu Pai, fiz tudo o que pude pelas almas que me deste, mas elas me rejeitaram, abriram suas próprias feridas, envenenaram-nas buscando a morte, fugiram para as baixas regiões de trevas para não ver a tua Luz que os ilumina, secaram as fontes das águas salutares, porque querem perecer pela sede, e acenderam as fogueiras do ódio porque querem devorar as próprias entranhas e despedaçar-se uns aos outros!"

Julgais ser essa uma pequena dor para o meu coração, que se entregou ao êxtase divino de contemplar-me mergulhado juntamente convosco no mar sem limites da Divindade? Credes constituir isso uma pequena amargura para o meu espírito que, depois de ter galgado a dolorosa encosta da sua própria purificação, aquietou as vozes de amor que o chamavam em hinos de paz e de glória, para servir-vos de luz, de paz e de consolo, e que, ao final da longa e heróica jornada, vos vê ainda indecisos entre estender suas asas esfaimadas de imensidão ou permanecer mergulhados no pântano em que águas envenenadas corroem a vossa vida espiritual, desfazendo e desagregando as forças que vos põem em contato com a Luz Eterna, de onde saístes e para onde deveis voltar?

Choro convosco como espírito do mesmo modo que chorei sobre vós encarnado, quando, com minha voz de homem, Eu vos chamava à verdade e à luz da vossa elevada origem e glorioso destino.

Ainda soa em meus ouvidos o doce eco das vossas reiteradas promessas de fidelidade e de amor nas diversas jornadas que, juntos, realizamos nesta Terra, arca depositária do nosso sangue de mártires e das nossas lágrimas de desterrados.

A hora final já está soando. Levantai-vos, pois, decididos de uma vez por todas a cumprir junto ao Mestre as vossas doces promessas, suscetíveis de perpetuar eternamente nossas velhas e santas alianças.

Que a Paz e o Amor do Pai vos inundem, fazendo-vos sentir a doçura da eterna vida para a qual eu vos chamo há tanto tempo.

A Clara Visão da Verdade Eterna

Que a inefável paz de Deus esteja convosco.

Deus...! Sempre Deus em cima, embaixo, à direita e à esquerda, na luz e na sombra, na vida e na morte.

Grande é a vossa ansiedade para chegar à clara visão da Divindade; mas maior ainda é o meu anseio de que avanceis serenos e fortes por esse grandioso caminho que leva ao palácio encantado da Sabedoria, a bela e majestosa guardiã do arcano que estais buscando.

Estou sentindo a anelante palavra que está prestes a brotar dos vossos lábios:

"Dá-nos, Mestre, algumas migalhas dessa divina Sabedoria, para que possamos chegar ao conhecimento de Deus."

Eu vos digo: Nem Eu nem ninguém pode dar-vos a clara visão da Verdade Eterna, em toda a sua amplitude e em toda a sua beleza soberana, se não tiverdes conquistado o direito de penetrar no Santuário secreto do Absoluto, do Infinito, do que nunca começou e nunca acabará.

A claridade da Visão Eterna anda de mãos dadas com a pureza da alma que a busca e, portanto, enquanto não estiverdes completamente despojados das vossas imperfeições, será inútil pedirdes aos filósofos da Terra a exata definição de o que é o Ser Supremo e do que são todas as suas magnas criações, porque eles não podem ultrapassar o círculo mesquinho e estreito de hipóteses que às vezes só contêm um tênue reflexo da verdade.

A clara visão da Divindade é obtida mediante a purificação do espírito; chega-se a essa purificação depois de longas jornadas de purificação, de vitória sobre si mesmo, de renúncias heróicas, de ébrias loucuras de amor em que a alma, esquecida por completo de seus interesses individuais, se transforma numa chama, numa lâmpada, num perfume, num canto interminável... num eco suave que passa acariciando... curando... vivificando.

Mas, até poderdes rasgar por vós mesmos o véu do Eterno Invisível, conformai-vos com o resplendor que emana da sua inefável Bondade e do seu fecundo e inesgotável Amor através dos mundos, dos seres, das coisas; através de vós mesmos, que sois criaturas suas e sentis os eflúvios da Divindade nas manifestações puras do amor, da beleza, da arte, da harmonia incomparável que emana de tudo o que vos cerca na grandiosa criação universal.

Penetrando nas sublimes regiões em que flutuam as almas dos que os precederam nos árduos caminhos da evolução, encontrareis sete imensas legiões cujo número ultrapassa as vossas concepções numéricas, e que se dispõem em escala ascendente de esplendor, de luz, de exuberância de vida, de beleza e de sabedoria, até chegar ao Amor, à Luz, à Inteligência Soberana, essa divina Trindade que forma a coroa suprema e o alento perdurável e eterno, causa única de tudo o que é princípio e fim, de tudo o que existiu e se transformou, de tudo o que existe e existirá.

Essa magnífica Trindade da qual as Igrejas positivas fizeram o mais formidável de seus mistérios e também o mais absurdo de seus erros, devido a um falso conceito da Divindade, apequenada pela miséria dos homens; essa magnífica Trindade, como eu dizia, que os seres humanos deste ciclo de vida ainda não podem chegar a compreender, é aquela em que mergulharam, há muitíssimos séculos, não um filho de Deus – segundo o conceito eclesiástico –, mas inúmeros Filhos de Deus que, transformados já em pura Luz – depois da gloriosa emancipação dos mundos que lhes foram confiados –, se diluíram na Eterna Luz, convertidos numa vibração conjunta de todas as vibrações do Universo e se confundiram com a Eterna Vibração; transformados em resplendor, em chama viva e fúlgida que, ao purificá-los, parece consumi-los; por ser hálito, sopro de amor intenso, mergulharam no Eterno Sol, no Supremo Amor, prêmio e coroa, saciedade infinita, conquista gloriosa, imortal e inamovível a que chega todo espírito depois de longos séculos de vidas em diferentes mundos e sob diversas condições, aspectos e formas de existência carnal.

Inteligência, Luz, Amor...! Trindade adorável em cujo seio vós e eu nos diluiremos um dia, para esquecer, no âmago da infinita felicidade do Grande Todo, o nosso próprio eu individual.

No vosso mísero mundo terreno, tendes imensa dificuldade para conceber algo que não começou nunca e que nunca há de acabar.

Que a claridade eterna de Deus se derrame como o resplendor do amanhecer nestas minhas palavras que são, neste momento, as mensageiras da verdade sobre as vossas almas prosternadas diante do Pai Criador, em busca de luz e de conhecimento.

Quando aprouve à infinita majestade de Deus manifestar abertamente a sua tremenda potencialidade criadora, emanaram fagulhas da sua Divina Inteligência, fagulhas que tinham em si mesmas o germe da Inteligência, da Luz e do Amor que lhes deu origem. Tal como acontece com as fagulhas emanadas de um grande incêndio, que carregam em si todos os elementos do fogo que as produz, de maneira que cada uma delas é capaz de produzir novos incêndios.

Essas fagulhas emanadas da Inteligência Divina foram os milhares de milhões de Egos ou Almas nascidos de uma labareda da Vontade Eterna, com a função de dar impulso à força criadora de que estavam animados, como meio de engrandecer-se a si mesmos e chegar a formar um único Todo de Inteligência, de Amor e de Luz, depois de ciclos de lenta mas segura evolução.

O mesmo acontece, repito, com as fagulhas emanadas do incêndio, que são levadas pelo vento e vão atear fogo em diversas direções – fogo cujas vívidas e azuis labaredas se confundem depois ao encontrar-se e formam um único incêndio, uma única fogueira, uma única labareda imensa e diáfana.

Essa foi a origem de todas as almas e esse é o verdadeiro significado da augusta e eterna Trindade.

As outras sete imensas falanges de espíritos emancipados dos mundos carnais, já livres portanto de todas as misérias inerentes a esses mundos, estão subdivididas em "Espíritos de Justiça e de Poder", instrumentos da Lei Eterna para a expiação coletiva das humanidades, com o fim de apressar sua evolução; são chamadas também de "Espíritos da Destruição", porque, quando necessário, produzem num mundo, ou em muitos mundos ao mesmo tempo, a destruição, obedecendo sempre ao harmonioso plano divino que assinala rotas para todas as inteligências auxiliares de sua Suprema Inteligência.

"Espíritos Amadores ou de Compaixão", que são como os instrumentos musicais nos quais o Eterno Amor desafoga sua ternura infinita por todas as suas criaturas, espíritos que, de hábito, são os que realizam mais rapidamente a sua evolução, devido ao fato de que a intensidade de amor que recebem e transmitem impele-os febrilmente a realizar grandes sacrifícios pelo bem de seus semelhantes.

"Espíritos da Beleza e da Harmonia", que dirigem a germinação e o crescimento de tudo o que vive no universo, muito antes mesmo de os seres chegarem a formar humanidades.

"Espíritos denominados Triunfantes ou das Vitórias", encarregados de esmagar as forças do mal quando elas se interpõem no caminho dos grandes missionários ou Messias, em todos os mundos de evolução não avançada.

"Espíritos Radiantes ou do Esplendor", instrumentos da manifestação da glória de Deus em meio às humanidades que chegaram a esse solene momento em sua eterna peregrinação.

São eles, quase sempre os autores das gloriosas transfigurações dos espíritos de luz encarnados num mundo que conduzem e guiam; e autores também das grandes iluminações ou vidências que muitos contemplativos ou místicos receberam e recebem como divino beijo de Deus em meio às trevas da matéria.

"Espíritos denominados Fundamentais", porque formam a grande muralha de proteção ao redor de todas as humanidades encarnadas em geral e ao redor de determinados seres com missões especiais, que estão ligados a grandes alianças de ordem superior e estão mergulhados em diversos mundos carnais, expostos, portanto, a inúmeros perigos.

E, por fim, a imensa e mais numerosa de todas as legiões, chamada de "Espíritos Guardiães", que, como o seu próprio nome indica, cumprem a missão de auxiliares dos espíritos encarnados na realização do que cada Ego, cada Alma, determinou para a personalidade que está passando por uma existência terrena.

Eis aí, meus filhos, esboçada a grandes traços, a esplendorosa Casa do Pai, aquele Eterno e grandioso Reino no qual eu vos disse um dia que havia muitas moradas e onde está também a vossa, vazia, esperando por vós, que conquistareis pelo esforço, pela vitória sobre vós mesmos e pelo amor.

Meus filhos, diante de tanto esplendor e tanta beleza, sede corajosos para afrontar com o coração sereno a fúria das tempestades e o rugir das ondas, com a plena segurança de que, se vos conduzirdes pela Eterna Lei de Justiça, essa mesma Lei vos servirá de couraça, de proteção e de agente importante e fiel da vossa vitória final.

Que a bênção do vosso Mestre seja para vós portadora da paz de Deus e do seu inefável consolo.

O Reino de Deus Sofre Violência

O Reino de Deus sofre violência, afirmei eu a meus discípulos quando eles me diziam: "Dá-nos, Senhor, esse reino teu que nos anuncias."

O Reino de Deus sofre violência e só os que a fazem chegarão a conquistá-lo.

Violência é a daquele que aperta o próprio coração para silenciar a voz da natureza, que lhe pede as manifestações de uma profunda afeição humana.

Violência é a daquele que, tendo sido amargamente caluniado em sua honra, em seu nome ou em tudo o que lhe é querido, tem de apertar a mão do seu detrator. Violência é a do que renuncia a certos desejos e anseios humanos, próprios de todo coração de homem, mas que podem às vezes entorpecer o destino do espírito vinculado por uma aliança com uma missão determinada.

O Reino de Deus só pode ser compreendido em toda a sua soberana grandeza por aqueles que são iluminados pela luz eterna da Divina Sabedoria, mediante o esforço incessante do espírito para conseguir isso e merecer essa luz.

A luz Divina ilumina os puros de coração e os humildes.

Os mensageiros dessa Luz são os Messias condutores de humanidades, forjadores de mundos, auxiliares da Energia Criadora em sua constante, múltipla e eterna gestação.

Vede a que ponto estão errados os que afirmam que os Messias estão impedidos, por sua própria elevação espiritual, de aproximar-se dos mundos cuja evolução lhes foi confiada.

As leis imutáveis do universo têm nos Messias seus mais fiéis servidores.

É uma falta de lógica, e até de bom senso, promulgar como axioma irrefutável a impossibilidade de os espíritos de luz se aproximarem das esferas de sua adoção.

A Lei Eterna do Amor Universal – base de ouro e diamante na qual repousa tudo o que existe nos mundos adiantados e nos mundos embrionários – é quem escolhe os seres, os lugares, os momentos e as horas, através dos séculos, em que as correntes astrais e etéreas e as energias espirituais devem comunicar-se e mesclar-se para formar ondas e círculos ou energias psíquicas determinadas e plasmar as diversas manifestações dos Messias, sobre os mundos que estes aceitaram como propriedade sua e que devem cultivar até o mais completo aperfeiçoamento.

A ignorância, o dogmatismo e a malícia humana se uniram para negar o inegável, fazendo que se cumpra uma vez mais o que eu disse naquela hora: "Deus nega a Luz da Divina Sabedoria aos soberbos e a concede em abundância aos humildes."

Por isso, eu disse que o alicerce de todo edifício espiritual sólido que a alma queira erguer em si mesma é a humildade, ou seja, a aceitação ampla, generosa e sincera da verdade, venha de onde vier, ainda que seja uma espada de dois gumes que corte por inteiro o nosso coração de carne, sempre tão tristemente apegado ao vil e miserável "seu" e "meu".

Quando esquecerão os homens, para sempre, essas palavras espantosas que armam as fauces medonhas e triplamente denteadas do feroz egoísmo que arrasta humanidades ao caos, que destrói povos, aniquila afetos ternissimos e torna lento o passo triunfante do amor universal?

"Seu" e "meu", palavras que dividem, palavras de guerra, de antagonismos, de inimizades e ódios, sejam elas aplicadas às atividades espirituais ou aos bens temporais.

Por isso, os espíritos grandes, compenetrados da Verdade Eterna, são sempre fundamentalmente humildes, embora reconheçam perfeitamente sua já avançada evolução.

Não hesito em afirmar que a humildade é o caminho mais rápido e seguro para que o espírito se encontre diante do augusto Santuário da Sabedoria, que é felicidade infinita e Amor Eterno. O que é a humildade? – é a pergunta que me fazeis.

Como qualidade individual, a humildade é o conhecimento; é a verdade como virtude coletiva e é a fraternidade entre os homens.

Vou dar uma explicação mais detalhada.

A humildade de coração faz, em primeiro lugar, com que o espírito se reconheça a si mesmo tal como é, com todos os seus defeitos, misérias e fraquezas, capaz de emitir de si mesmo o juízo que emitiria de outro em igualdade de condições, bem como de, ao ditar condições e reformas para outros, aplicá-las antes a si mesmo.

A humildade de coração impede que o espírito se vanglorie de seus triunfos ou de seus escritos, seja no campo das atividades espirituais ou das morais, porque em todos eles o ser reconhece que não realizou nada de extraordinário nem de excepcional, visto que tudo obedece ao grau de evolução alcançado e à sabedoria das leis divinas que, encerradas em si mesmas, lhe dizem: "Quem as segue com amor não pode encontrar outra coisa senão o amor."

A virtude tende a apagar do vocabulário humano as desarmoniosas e duras palavras "teu" e "meu". Estas revelam todo o egoísmo dos seres de escassa evolução moral, para quem a palavra "meu" encerra toda a perfeição.

Digo que a humildade apaga da alma as palavras "teu" e "meu" porque o homem de coração humilde sabe, por divina iluminação, que nenhuma idéia, nenhuma teoria, nada em sua vida é de fato "seu", uma vez que o que ele chegou a descobrir ou conquistar, em termos de conhecimento, progresso, avanço, etc., existia há milhares de anos e que milhares de seres o conheceram e conquistaram antes dele, tal como outros o conhecerão e conquistarão depois. Falamos de atividades espirituais e morais, pois a posse de bens materiais quase não precisa ser mencionada, dado o caráter extremamente passageiro e mutável destes.

Isso se assemelha ao caso daquele que passava o dia repetindo com voz vibrante 'meu, meu, meu' e, no fim da vida, se viu obrigado a estender a mão e receber um pedaço de pão daqueles que esmagou, triturou e derrotou com a engrenagem de ferro do seu feroz egoísmo. O humilde de coração conhece tudo isto e, do fundo da alma, diz em sua profunda adoração ao Ser Supremo:

"Deus... tu és tudo! Eu sou uma fagulha de ti mesmo. Tudo o que encontro de bom no meu caminho me vem do fiel cumprimento das tuas leis eternas e sábias; e tudo de mal com que deparo resulta dos meus erros e desacertos."

Se esses princípios são aplicados às coletividades, floresce a fraternidade doce e suave, como uma carícia materna sobre a humanidade; porque a humildade é conhecimento, é verdade e é amor, formando uma única e magnífica tocha; o caminho do homem rumo à Luz incriada, ao eterno amor, à inteligência suprema é a excelsa e divina trindade pela qual respiram, vivem e são os mundos, os seres e as coisas. Vós que aspirais ao verdadeiro progresso do espírito e à compreensão do Reino de Deus, anunciado, prometido e explicado por todos os Messias nos mundos que lhes foram confiados pelo Criador de mundos e sóis, fugi do orgulho e da soberba, que são as asas negras do abutre voraz do egoísmo.

Pobres humanidades que habitais os mundos carnais devorados pelo egoísmo! Conquistareis sem esforço nem glória os reinos vegetal, animal e humano, mas não conquistareis sem esforço e sem glória o Reino de Deus, ao qual chegaram os espíritos puros ou Messias, tal como chegareis vós mais cedo ou mais tarde, por direito de conquista, porque o Reino de Deus sofre violência e só os que a fazem contra si mesmos chegarão até ele.

Longe de vós, ó almas que buscais a luz, a sabedoria e o amor, longe de vós a soberba e o orgulho, com todos os seus derivados: o desejo de poder, a ostentação e a vanglória, a ânsia de impor a própria vontade como um jugo sobre a mente e a consciência dos seres... vorazes aves negras e fatídicas que povoam de terror e de espanto o velho castelo em ruínas das humanidades inconscientes e letárgicas.

Que a palavra do vosso Instrutor, do vosso Messias, levante por fim o véu das vossas pesadas trevas, para que, chegando vós a vislumbrar e a compreender o Reino de Deus no qual está guardada essa felicidade que tanto ambicionais, desperte-se em vós a nobre e bendita ânsia de possuí-lo.

Dou-vos a minha bênção em nome de Deus.

Sentir Deus em Tudo o Que Nos Rodeia

Que a Luz eterna de Deus ilumine a vossa inteligência e o vosso coração, para que chegueis a compreendê-lo e a senti-lo tal como Ele deseja ser compreendido e sentido por todos os seus filhos.

O doce ambiente de amistosa fraternidade que os envolve exorta-me a esta confidência íntima em que posso derramar meu espírito no vosso com a confiante segurança proporcionada pelo amor verdadeiro.

Nos distantes tempos em que ocupei um lugar no concerto dos seres encarnados neste planeta, naquele continente chamado Atlântida que hoje jaz submerso no fundo dos mares, quando sob o nome de Anfião fui monarca de numerosos povos, meu primeiro cuidado foi o de estabelecer uma aula pública na imensa praça que se abria diante dos muros de pedra, dos gigantescos muros do meu próprio palácio. E aquela tribuna, ocupada às vezes pela minha companheira (Odina) e às vezes por mim, foi lâmpada acesa entre as densas sombras da ignorância e do atraso dos homens.

E, com o objetivo de fazê-los compreender a Deus por meio da pobre linguagem humana, assim lhes falei: "Imaginai um grande Sol com vida intensa e infinita inteligência, um Sol cujos raios luminosos penetram tudo o que existe no universo. E imaginai que esse Sol dispara constantemente, com vertiginosa rapidez, fagulhas de luz, substância da sua própria substância, vivas e inteligentes, levando em si mesmas o germe de tudo o que é grande, bom e belo que existe naquele Divino Sol; fagulhas que, lançadas em todas as direções do espaço infinito, são as almas destinadas a derramar-se depois por todos os mundos do universo como imensa nuvem de luz, de inteligência e de amor; faíscas que, num futuro longínquo, chegarão a ser diminutas estrelas e, mais tarde, sóis magníficos que, interpretando a Inteligência Suprema, se transformarão por sua vez em criadores, em modeladores de outras fagulhas, de outras estrelas e de outros sóis, que irão surgindo constante e eternamente daquele magnífico e eterno Sol, princípio e origem de toda inteligência e de todo amor."

A partir dessa comparação proposta por mim naqueles tempos longínquos, surgiu mais tarde uma idéia religiosa e dogmática: o culto ao Sol como único deus dos homens. Eis aí a origem dessa crença dos incas americanos e dos antigos egípcios, ambas as raças restos da Atlântida da minha época.

O que eu disse a eles digo-vos agora a vós: dentro da matéria e na vossa atual condição evolutiva, não podeis compreender a Deus de modo mais perfeito, porque nem sequer há frases na linguagem humana que possam exprimi-lo, nem existe na Terra compreensão que possa chegar até Ele.

Nem mesmo no mundo dos Messias, em que me encontro, já chegamos a compreender a Deus com toda a perfeição, somente chegando a compreendê-lo aqueles que, tendo concluído sua jornada nos mundos materiais, mergulham para sempre no grande Sol, na Eterna Luz, naquela Essência infinita de onde surgiu tudo o que vive e para onde há de voltar, em estado de perfeita luz, tudo o que Dele saiu. E milhares e milhares desses sóis inteligentes, vívidos e fecundos, ao submergir no grande Sol com todas as suas energias e capacidades desenvolvidas ao máximo, engrandecem, por assim dizer, a infinita potencialidade criadora, conservadora e vivificante do Sol pioneiro, de tal forma que é impossível à mente humana, sob qualquer aspecto, chegar a compreender sequer medianamente o que são a grandeza e a magnificência de Deus.

Portanto, não vos esforceis desmedidamente para compreender a Deus, tal como Ele é, porque isso não está ao vosso alcance na atualidade; senti-o através do que Ele derrama do seu amor, da sua ternura, da sua providência, da sua incansável solicitude para convosco. E assim como sentis a dor de um cabelo arrancado da vossa cabeleira, assim também Deus sente cada uma de suas dores, porque vós viveis Dele e dentro Dele, como esse cabelo vive de vós...

Maior cuidado e solicitude tem o vosso Pai Celestial com cada um de vós, embora sejais no universo menos do que um cabelo, do que o cuidado e a solicitude que tendes com relação ao dedo mínimo da vossa mão.

Se ele dói e está ferido, sofreis porque ele é parte de vós; então, por que às vezes perdeis a serenidade e a calma quando as tempestades rugem em torno de vós, e tremeis e vacilais como se não houvesse ninguém que vos protegesse das grandes forças do mal que os sacodem por permissão divina, para tornar-vos fortes no desenvolvimento espiritual e vos pôr em condições de um dia chegar até Deus mediante a compreensão e o amor?

Senti Deus em tudo o que vive e vibra ao vosso redor, e então caminhareis de mãos dadas com Francisco de Assis e com todos os que, como ele, antes ou depois, chegaram a essa compenetração com a Divindade, não tanto em função da compreensão limitada e mesquinha possível na matéria, mas através do amor, do abandono e da confiança em Deus, do esquecimento de si mesmos e da entrega total, ampla e generosa, à sua vontade soberana, expressa com bastante clareza nos acontecimentos fortuitos da vida – acontecimentos que tendem, todos eles, a levar-vos pelo caminho grande e luminoso do abandono confiante e doce nos braços de Deus.

A água clara que aplaca a vossa sede, o ar fresco que respirais, a luz que vos ilumina, o pão que dá vida ao vosso corpo – tudo, absolutamente tudo emanou de Deus e é parte de Deus, que se doa com profusa generosidade.

Assim pensaram e sentiram todos aqueles que chamastes de santos e que chegaram à plenitude da serenidade e da paz mediante a convicção de que tudo o que se agitava em torno deles, tudo o que palpitava e vivia eram manifestações de Deus em completa proximidade e união com cada uma de suas criaturas.

Que não vos cause estranheza o abatimento, o sentimento de vossa fraqueza diante das borrascas que com tanta freqüência vos açoitam. Quanto mais vos aproximardes do vosso Mestre, tanto mais estareis em luta com as forças que combatem a Luz, a Verdade e o Amor.

As mesmas vozes iradas e maledicentes que se levantaram contra mim dizendo "Quem é este que sai de uma oficina de carpinteiro para erigir-se em Mestre da humanidade?" são as que se erguem contra vós para lançar lodo e pedras em vossas vestes e sobre a vossa cabeça. Combatei esse desânimo, essa cisma angustiosa, esses momentos de fraqueza com a vossa firme confiança em Deus, que limita a fúria de todas as tempestades, no momento e hora em que a sua justiça determinou, caso vós — em conformidade com a palavra do vosso Mestre — busqueis primeiro o seu Reino, o seu Amor, a sua Verdade eterna, e deixeis a Ele o cuidado de dar-vos, por acréscimo, tudo de que precisais.

Quando tiverdes chegado a esse perfeito abandono nos braços de Deus, sem que as coisas da Terra vos causem nenhuma perturbação, crede-me que essa será a hora do vosso triunfo, das vossas núpcias, dos vossos esponsais com a Divindade. Ela não espera senão que a vossa alma esteja desnuda de todo egoísmo e interesse pessoal, de todo desejo pueril e frívolo, para dar-se a vós no êxtase supremo do amor que se doa sem reservas e para todo o sempre.

Então será a hora do vosso belo amanhecer para uma nova vida na qual, ao sentir Deus dentro e fora de vós, sentireis quase constantemente a presença do vosso Mestre, cuja aliança convosco tereis selado com o triunfo sobre vós mesmos, que é o maior de todos os triunfos.

Que a Luz Eterna do pai ilumine a vossa inteligência e dê calor ao vosso coração, para que, compreendendo-o cada dia mais, chegueis a senti-lo e amá-lo tal como Ele exige de todas as suas criaturas.

A Oração do Publicano

Orai ao Pai para que a sua Sabedoria e o seu Amor resplandeçam em vós. Orai ao Pai para que as alianças espirituais que firmastes com elevadas inteligências de outras esferas se fortaleçam e se reanimem, trazendo a vós novas luzes, novas energias e novas correntes que renovem os propósitos que fizestes ao encarnar, as vossas conquistas espirituais e de tesouros imortais que heis de expandir depois para todas as almas.

Quando falo assim, sinto que, tal como Pedro naquela hora, estais a dizer-me: "Mestre, ensina-nos a orar de forma que obtenhamos do Pai todo esse bem de que falas."

Eu disse: "A humildade de coração que leva a alma ao profundo conhecimento de si mesma é o primeiro portal que se abre para introduzir-vos no sagrado recinto onde vos encontrareis frente a frente com a Divindade.

A oração do publicano, da qual falei nos dias do meu apostolado sobre a Terra, não tem outro significado senão este: profunda prosternação do espírito diante da grandeza, da perfeição e da sabedoria de Deus.

"Senhor, Senhor – dizia aquele pecador com a fronte encostada ao chão, umedecida com suas lágrimas de sincero arrependimento –, Senhor, Senhor, não olhes meus muitos pecados, nem minha grande miséria; vê que sou uma criatura tua que do profundo abismo eleva a ti a voz, pedindo o teu perdão, a tua indulgência e a tua infinita piedade."

"Que a tua misericórdia derrame um bálsamo divino sobre as chagas da minha alma, que o teu eterno amor me levante da pesada materialidade que me aprisiona e me arrasta, para que a minha existência terrestre seja um vivo reflexo da tua eterna lei."

Antes de penetrardes no secreto santuário das núpcias divinas da alma com Deus, mediante uma fervorosa oração, detende-vos um momento para examinar a consciência e, se encontrardes no vosso espírito um ressentimento, um ódio, uma aversão, um desejo de vingança, de lascívia, de avareza, de grandeza, de glória, de aplausos, não o passeis adiante se não fordes capazes de queimar toda essa folhagem seca no sagrado altar da imolação, do sacrifício e da renúncia mais generosa e mais completa.

Penetrar no augusto Santuário da Divindade com o espírito enlouquecido por todo esse turbilhão de baixeza e de sensualidade é chocar-se com uma imensa muralha de pedra inamovível, e o vosso espírito estará mais trêmulo de frio, mais desesperançado, mais fraco e doente, porque acrescentastes a todas as vossas más inclinações o desacato à divina realeza de seu Pai, que abre os braços quando vos dispondes a aprimorar a vossa vida, a purificar o vosso espírito, mas que é surdo quando o vosso clamor se levanta unicamente com a algazarra das vossas baixas paixões e maus instintos, que a vossa inércia e folgança espiritual liberta como um rio que transborda do leito, arrastando com sua imensa corrente tudo o que encontra de bom na sua passagem.

Por outro lado, entrai sem medo de prosternar a alma diante de Deus para dizer-lhe do fundo do vosso coração a arder como uma fogueira de amor pelos vossos semelhantes: "Meu Pai, antes de chegar à vossa grandeza, minha alma queima no altar santo da imolação e do sacrifício todas as inclinações funestas, os desejos desmedidos, as ambições grosseiras e os pensamentos que estão em luta com a vossa eterna Luz."

Orar dessa maneira é entrar como um filho na fortaleza grandiosa do Pai, onde ele poderá recolher à sua escolha tudo o que o Pai tinha reservado como preciosa recompensa a quem, com seu esforço e decisão, o tivesse merecido.

Orar dessa maneira é levantar um vagalhão de amor e simpatia nos elevados planos espirituais, onde se entesouram todas as vibrações puras e santas que se erguem da Terra, como notas musicais que farão parte do grandioso concerto dos seres superiores eternamente consagrados ao amor, à justiça, à sabedoria, ao bem, à paz e à luz.

Orar dessa maneira é apossar-se dos tesouros da Divindade, porque o vosso espírito se harmoniza com as legiões de espíritos do bem, que sentem, pensam e querem do mesmo modo que vós, e as vibrações deles, como fontes inesgotáveis, transbordam sobre as vossas almas, inundando-as de paz, de consolo e de esperança, fortalecendo-as para as grandes renúncias e para as gloriosas vitórias que obtereis sobre os vossos adversários e sobre vós mesmos – o adversário mais difícil de vencer e dominar.

É a essa forma de oração que Eu prometi que se abriria a porta da Divindade, com todos os seus tesouros, todas as suas grandezas e todas as suas felicidades. É a essa forma de oração que eu prometi a aceitação doce e terna do Pai que os inunda de piedade e de misericórdia, que eleva a alma aos sublimes resplendores do êxtase quando, repleta de nobre generosidade, ela se entrega submissa a Ele por pura generosidade e amor à sua vontade soberana.

Quando terminardes a vossa oração, e ao começar um novo dia da vossa jornada terrena, dizei sempre: "Faça-se a vossa vontade, meu Pai; tomai de mim tudo o que quiserdes e dai-me em troca a vossa sabedoria e o vosso amor. Bendito sejais, Deus meu. Bendito sejais!"

Orai assim, meus filhos, e eu vos prometo uma vez mais a felicidade, a paz, a bem-aventurança eterna, que começará para vós ainda em meio ao desterro material.

Abençoa-vos o vosso Mestre.

Não Vim em Busca dos Justos, Mas dos Pecadores

Que a Paz esteja convosco.

E como desejo de fato ver-vos inundados por essa paz divina, apresento-me hoje a vós para dizer-vos:

Eu sou aquele que vos disse um dia: "Não vim pelos justos, mas pelos pecadores e pelos decaídos." "Não vim pelos que estão sadios, mas pelos leprosos, pelos enfermos e pelos feridos."

E em meio à eterna e inefável felicidade com que o Eterno Amor inundou o meu ser, não são as vossas misérias e fraquezas que estimulam a minha profunda comiseração, mas antes a cegueira pertinaz e cruel daqueles que asseguram às multidões que eu estou impedido de aproximar-me dos homens por causa dos seus pecados.

E se não fossem a miséria e a dor humanas, o que viria buscar neste planeta o Messias, em suas múltiplas etapas de imolação profunda?

O que busca o médico senão os doentes?

O que busca o pastor, no âmago da obscura selva da matéria terrestre, senão as ovelhas desgarradas do seu redil, expostas à voracidade das feras famintas?

Que busca o amigo, neste duro e penoso cativeiro, senão o amigo cativo e agrilhoado?

Que busca um amoroso pai no emaranhado lodaçal da vida humana, senão o filho nele submerso e já quase sem forças para libertar a si mesmo?

Não são os gloriosos triunfadores dos tremendos combates do espírito em busca da sua eterna libertação os que precisam das minhas mãos estendidas para erguê-los, mas aqueles que estão caídos e oprimidos sob o pesado fardo de suas próprias iniqüidades.

Os que, por seus próprios merecimentos se engalanaram com a veste nupcial dos escolhidos, não são os que necessitam do piedoso manto da minha ternura, mas os que, com a alma dilacerada, tremendo de frio, de dor e de fome, clamam aos gritos por algumas migalhas de felicidade e nem sequer conseguem perceber onde, como e quando devem buscá-las.

É a vós que chorais com a alma despedaçada pelas decepções que chamo e digo: "Olhai a luz da minha lâmpada erguida, luz que vos ensina o caminho para o bem supremo, para o Amor Único que não engana, não arrefece, não trai nem morre."

É a vós que estais torturados pela angústia da vossa própria miséria e que vos debateis no turbilhão das paixões que vos roubam o repouso que chamo e digo: "O coração do Mestre guarda-vos um seguro lugar de refúgio, um tépido ninho de paz e consolação no qual, tão-somente pela vossa vontade, podeis abrigar-vos da espantosa borrasca."

É a vós que, por causa dos vossos próprios erros ou por crueldade das leis humanas, vos vedes marcados por dolorosos estigmas, com o coração dilacerado por feridas que ninguém pode curar, que chamo e digo: "Quando os homens se erigirem em juízes para condenar-vos ou se afastarem com asco porque vos vêem cobertos de lepra, lembrai-vos do amigo que sempre vos espera, lembrai-vos do peito do vosso Mestre, cheio de imensa piedade... da mesma piedade que o fez dizer à mulher pecadora daquele tempo que os hipócritas carregados de iniqüidades levavam à praça para apedrejar: "Mulher, se os homens te condenam, eu te perdôo em nome de Deus, que é o único bom, justo e perfeito por toda a eternidade. Levanta-te e não peques mais."

Para que haveria eu de coroar-me com as glórias de uma renúncia generosa e silenciar as vozes que me atraem ao êxtase final e supremo na imensidão de Luz de onde não se volta, exceto para ser o amigo, o pastor, o médico, o confidente de todas as angústias da humanidade por cuja libertação dei tantas vidas e tanto doei de mim mesmo que, se não tivesse à minha disposição os inesgotáveis tesouros da Divindade, nada teria mais para vos dar?

Ó meus filhos... como os homens compreendem mal a alma do Messias!

Como são poucos os que chegaram a examinar o abismo imenso de amor das almas que, tendo chegado pelo esforço da sua própria vontade aos esplendores da liberdade final, não podem entregar-se à intensa felicidade das suas grandiosas conquistas, enquanto vêem no fundo do abismo debater-se entre a dor e o pecado seus próprios irmãos, nascidos do mesmo seio e herdeiros da mesma felicidade!

Erguei-vos todos vós que caístes na luta contra as vossas baixas paixões; levantai-vos todos os que gemeis sob o peso da vida terrena. Quando todos os caminhos se fecharem a vós e todos os homens vos rejeitarem, estai certos de que sempre permanecerá fiel a vós o coração do vosso Mestre, para que repouseis, confiantes e seguros, das vossas grandes fadigas.

E nunca vos esqueçais de que, até chegar o dia da vossa libertação, flutuarei sempre em torno de vós como uma suave emanação da Eterna Piedade de Deus, porque vim à Terra para buscar os que padecem, os que caíram, os cegos, os leprosos do espírito, os que choram e gemem aprisionados por todas as escravidões!

Não vim em busca dos justos, mas dos pecadores!

Meu Amor vos envolve como um manto piedoso e minha alma vos abençoa em nome de Deus.

A Glória do Dever Cumprido

Que a Paz Infinita e a Energia Eterna que cria e sustenta os mundos estejam na vossa alma e no vosso corpo, para que realizeis a todo momento a Vontade Divina.

Estou sempre ouvindo vossos pedidos e gemidos, minhas avezinhas errantes neste mundo de amargas provações. Estou sentindo a vossa tristeza e a saudade dos céus que deixastes para trás, o vosso mundo de origem, para chegar a esta Terra em que chorais minhas longas ausências e suportais a ignorância e a incompreensão que lançam injúrias e opróbrios sobre vós.

Mas o que é tudo isso comparado com a glória do dever cumprido e com a suprema felicidade de ver flamejar sobre o vosso telhado o glorioso estandarte da Verdade que disseminais com vossos livros, como chuvas de estrelas sobre esta humanidade que caminha nas trevas?

Como o cervo na fonte das águas, meu pensamento corre até vós quando as dores da vida terrestre vos arrancam lágrimas e gemidos, avezinhas minhas, feridas e enfermas de todas as amarguras e tristezas da vida do desterrado. Meu pensamento e meu amor seguem-vos de modo incansável nessa vossa jornada e, hoje que me faço sentir por vós, eu vos digo e repito que não quero mais angústias, pranto nem tristeza em vossos corações, nos quais fiz minha morada em cumprimento da minha palavra final de homem, na noite da minha despedida: “Se vos amardes como eu vos amo, o Pai e eu faremos nossa morada no vosso coração.”

Não deixeis que as forças negativas que lutam contra vós vos separem os corações uns dos outros. Elas sabem que dividir é triunfar, e que separar as almas que se amam é a única forma de vencer suas resistências.

"O que os faz – perguntam-se os inimigos da verdade – resistir tanto às nossas tremendas investidas? Como eles agem para não tombar aos golpes do nosso rude lutar contra eles?" A soberba e a ignorância deles não impedem que eles vejam a minha presença em torno de vós como eterno guardião da vossa vida, inspirador da vossa obra e sustentação da vossa energia.

Não choreis mais pelo que julgais ser a minha longa ausência, pois estou ao vosso lado, sigo os vossos passos e vigio o vosso penoso andar sobre esta Terra. Já se vislumbra no vosso horizonte o brilho de uma aurora eterna e, ao pedir ao Pai, para vós, os inefáveis dons da Paz, da Esperança e do Amor, deixo-vos tudo o que tenho e tudo o que Eu mesmo sou, como inseparável companheiro das vossas vidas consagradas à Verdade e ao Bem.

Que Deus vos abençoe. Até sempre.

A Hora da Tentação no Deserto

Esqueceste de mim, Senhor...! Dessa maneira clama a mim o vosso coração, na ânsia suprema que caracteriza os grandes desesperos, e eu vos digo que esse clamor do vosso espírito assemelha-se muito àquele grito que escapou do meu coração como uma cotovia ferida, na noite do Getsêmani e na tragédia do Calvário: "Pai, por que me abandonaste?"

A maldade e o egoísmo humano, que de quando em quando adquirem a magnitude de espantoso cataclismo, rarefazem de tal modo a atmosfera astral desta Terra que dificultam sobremaneira toda manifestação espiritual de inteligências superiores, para cuja aproximação – como bem o sabeis – a Eterna Lei faz muitas exigências.

Esqueceste de mim, Senhor...! – dizeis-me com uma angústia indescritível que pode ser comparada com a intensa dor que obscurecia o meu espírito quando, no horto do Getsêmani, mergulhado em trevas, eu soltava aos ventos da noite aquele angustiante clamor: "Pai, por que me abandonaste?"

Minha espantosa solidão daquela hora, em que até os discípulos mais próximos cederam à fraqueza do sono, enquanto a humanidade que me rodeava rugia de furor em torno de mim como uma matilha de feras esfaimadas atrás de um cordeiro indefeso, era mais do que suficiente para que esse grito escapasse, impossível de ser contido, da alma que o pronunciou.

Eu vos disse muitas vezes, e vos repito neste instante, que esta hora vossa assemelha-se àquela, embora outros sejam os motivos e as circunstâncias que agem sobre as multidões inconscientes e perturbadas.

Pode haver maior inconsciência e perturbação do que as demonstradas neste Natal, dia de paz e de amor, de beijo santo das almas numa sublime comunhão de ideais, na majestade de um concerto em que vibram todas as harpas em uníssono com o meu coração? "Paz aos homens de boa vontade!"

Sabem acaso essas multidões enlouquecidas pela vertigem da orgia, entregues a grosseiros gozos materiais, sabem elas o que é o Natal, o seu significado, a sua grandeza? Sabem o que é um Messias descer dos céus mais puros e radiantes para identificar-se com a vida material num plano físico tão inferior quanto a Terra?

Se ao menos o vislumbrassem, em meio às trevas espirituais, comemorariam o Natal de Cristo de um modo muito diferente. Entregues a meditar profundamente sobre o que são e o que deveria ocorrer num dia como este, elas se harmonizariam melhor com a sublime vibração do canto de Natal: "Paz aos homens de boa vontade!"

Esqueceste de mim, Senhor! – dissestes-me em momentos de supremo desespero, assim como eu, em igualdade de condições, disse ao Pai Celestial: Por que me abandonaste?

Nem vós nem eu levávamos em conta a maldade dos homens, cujos pensamentos e obras, destilando ódio, vingança e rejeição absoluta da idéia de fraternidade e de amor entre todos os povos, raças e nações, formam barreiras de ferro que tornam quase impossível a proximidade espiritual de seres que não são senão uma eterna vibração de amor, de pureza, de divindade.

Esqueceste de mim, Senhor...! – gritastes na ânsia suprema do desespero... com a fé vacilante, com a esperança morta...

Era necessário transpor todas as barreiras, vadear todos os abismos e chegar a vós como um raio de luz que rompe as trevas, como um laço de seda e flores que une os pensamentos e os espíritos, no divino vínculo deste momento, em que um prodígio de amor me dá a vós na comunhão augusta de almas que se buscam porque se amam.

Eis que vim e estou no meio de vós, meus sacrificados, meus mártires desta hora, mergulhados nas sombras de um triste Getsêmani, nas trágicas trevas de um Gólgota pavoroso, onde as tentações vos acossam com a ferocidade de feras famintas, tal como acossaram a mim na hora do meu holocausto.

Em vós que me ouvis neste momento vejo todos os que seguem a minha via, marcada pela minha doutrina de amor universal. E digo aos presentes e aos ausentes: Não olheis para trás para contemplar a orgia de prazeres das multidões inconscientes, porque isso vos levará a fazer comparações que vos prejudicam, como feridas que se abrem incessantemente...

Eles se divertem e eu sofro, eles são ditosos e eu tremo de incerteza, eles riem e eu bebo lágrimas sem cessar, eles se revestem de grandeza, de esplendor, de honras e de glória, e eu, lutando com a tormenta, me debato entre a miséria, o opróbrio e a angústia em todas as suas formas.

Meus amados discípulos desta hora terrível da evolução humana: Eis aí a tentação que faz a vossa fé vacilar e tende a matar a vossa esperança. Foi dessa maneira que agiu em mim a chamada tentação do deserto, no momento do meu sacrifício: "Por que devo renunciar às belas flores do amor humano, aos terníssimos sonhos de uma família, de um lar, de todos esses santos afetos, que são como uma auréola sobre toda fronte que pensa, sobre todo coração que sente e que ama?" Isso dizia eu na hora da minha tentação no deserto, e isso dizeis vós, comparando a vossa vida obscurecida pela dor e pelo sacrifício com as vidas de prazer, de abundância e riqueza dos poderosos da Terra.

Em contrapartida, comparai vossas vidas com as dos meus seguidores mais íntimos e amados de todos os tempos, chamai-os a manifestar-se na vossa memória, e comprovareis com toda a clareza que nos planos inferiores, como esta Terra, não são os meus amigos que se coroam de rosas nem que vestem púrpura e ouro.

Pensai que, ainda que tudo afundasse em torno de vós e fôsseis traídos na amizade, no amor, em todos os sonhos belos e grandes construídos pelo vosso anseio de aprimoramento e de perfeição, eu estarei sempre no céu azul da vossa fé, esperança e amor.

Pensai que o Cristo, vosso Mestre, irradia sempre a sua luz acima de todas as borrascas e tempestades, como a divina estrela polar que ilumina, agora e para sempre, a vossa trilha de sacrifício voluntário pelo grande ideal do amor fraterno entre todos os homens desta Terra.

Que as vossas almas sejam fortalecidas pela minha palavra, que é vibração de paz, de amor e de esperança, nesta hora de tragédia humana e de justiça divina, a fim de que possais cantar em uníssono com os anjos de Deus: Paz às almas de boa vontade!

Até sempre.

Estamos Sós?

Paz, Esperança e Amor sobre todos os seres.

Minha observação da aura mental que envolve cada um de vós me induz a esboçar uma figura sintética: "Parece que me vejo a mim mesmo auscultando os vossos corações e arrancando deles os agudos e penetrantes espinhos que cravaram em vós, no decorrer da vida e ao longo dos caminhos andados, o egoísmo, a ambição, a maldosa mesquinhez de sentimentos que pareceram não adequar-se ao quadro da civilização atual. Vejo-me arrancando espinhos lacerantes dos vossos corações que gotejam sangue, e nos quais o desalento, a desesperança, a desilusão vão fechando-se como uma névoa gelada que ameaça acabar com todas as vossas energias."

Depois dessa alegoria sentimental e emotiva, passo a esboçar-vos outra que restitua o calor ao vosso espírito e ilumine os vossos desorientados pensamentos.

Nenhum de vós ignora o maravilhoso entardecer às margens do Mar da Galiléia, quando vimos o Mestre desaparecer entre os resplendores do ocaso para nunca mais voltar à Terra. Sua amorosa despedida e sua última bênção encontraram-nos a todos de joelhos na areia da praia em que se mesclavam, ao suavíssimo rumor das ondas, nossos soluços abafados e profundos, visto que estávamos conscientes de que começava naquele instante a separação definitiva.

Quando nos envolveram as sombras da noite, menos densas do que a sombra de nossas almas solitárias, voltamos à dolorosa realidade da nossa vida e perguntamo-nos com ansiedade uns aos outros: Que vamos fazer?

As tendas dos pescadores e a velha casa de Simão Barjonne, pai de Pedro e de André, ofereciam-nos abrigo, não para entregar-nos ao sono que nos fugia dos olhos, mas para dedicar-nos a comentários e especulações sobre o irreparável que nos sobreviera qual catástrofe. O que fazer sem Ele...? Aonde ir sem Ele...?

E como se quiséssemos fazê-lo viver novamente em nosso pensamento, em nossas obras, em toda a nossa vida, prometemo-nos uns aos outros recordar tudo o que ouvíramos da sua boca e tudo o que víramos fazer nos breves anos da nossa permanência ao seu lado.

Que fecunda foi essa noite em projetos e esperanças...!

As misérias e maldades humanas, causas da nossa dor, foram-se desvanecendo pouco a pouco, como que apagadas pelos arrebóis de novas esperanças que renovavam nossa energia e faziam florescer de novo nosso jardinzinho interior.

Depois de vinte séculos, parece-me que aquele momento se repete neste instante em que vos vejo solitários no seio de uma humanidade que não compartilha os vossos sentimentos nem se aproxima dos vossos ideais, momentos em que vos perguntais tal como nós naquela hora: O que fazer?

Mas eis que aqui, em torno de vós, palpita e vive uma numerosa legião, que sente e quer em uníssono convosco e que talvez só estivesse esperando este momento do abandono e da solidão para apresentar-se como uma vigorosa vaga de energia e de reabertura à luz soberana do mesmo amor que nos uniu naquele maravilhoso entardecer às margens do Mar da Galiléia. Recolhendo os vossos corações como rosas vermelhas de amor, como cálices de sangue de sacrifício e imolação, ela os oferece ao Eterno Ideal, que só espera e busca almas de boa vontade para derramar-se, nelas e através delas, sobre toda a humanidade.

Como naquele momento, só precisamos de um único mês para orientar novamente nossos pensamentos e energias. Parece-me que uma luz nova virá Daquele que vos escolheu com amor para esta hora, não menos solene e grandiosa do que aquela outra hora longínqua, que hoje só vive como recordação, como o começo de um caminho que ora continuais a trilhar.

Parece-me que a grandeza de Deus espera sempre momentos como este para manifestar-se, como se nada quisesse dos homens do ouro e do poder, nos quais não florescem nem frutificam os ideais grandes, nobres e puros que só se irmanam com o desinteresse, o altruísmo e o verdadeiro amor fraternal.

Portanto, em nome desse amor e dessa amizade que compreendeis porque a sentis em vós mesmos, digo-vos que, enquanto esses sentimentos florescerem entre vós, haveis de transformar em formosa realidade todos os vossos sonhos em torno do Cristo, divino inspirador de todos os vossos anseios.

Em seu nome, trago-vos uma bênção de paz, de amor e de esperança.

Até sempre.

A Criação Universal É o Seu Templo Vivo

Com profunda emoção, recolho do texto que acabastes de ler uma frase que ressoa em minha alma como um poema imortal, recordando-me vínculos que eu também estabeleci ao redor do coração no longo decorrer dos séculos: "Uniram-se num abraço que fora estreitado em idades longínquas."

Em idades longínquas e sob a proteção de um astro de primeira magnitude, nos unimos um dia, nós todos que hoje pedimos ao Infinito sua verdade, sua energia, sua força, sua sabedoria e, acima de tudo, seu amor soberano e eterno.

Voltamos a encontrar-nos hoje seguindo o mesmo caminho, embora às vezes com profundos desvios, por causa da nossa limitação visual de encarnados.

Levando isso em conta, eu vos insinuara que a Divina Sabedoria busca e encontra sempre os meios de doar-se em luz, energia e poder àqueles que com verdadeiro anseio se entregam e consagram.

Minha palavra entre vós é um desses meios encontrados por Ela em sua grandeza infinita.

"O amor a Deus torna criadora a alma" – tendes isto gravado em vossas escrituras e, baseando-me nessas palavras, procurarei desenvolver um pensamento que vos servirá de lição para o cultivo do vosso jardim interior.

O amor busca unir-se e identificar-se com o amado; por isso, nosso amor a Deus nos impelirá a buscá-lo e a encontrá-lo em tudo o que respira e vive ao nosso redor.

Assim como os seguidores de religiões ou de cultos, materializados pela incompreensão humana, têm seus templos e seus rituais em que sentem viver o seu Deus e onde entram com o profundo sentimento de veneração e amor que sua fé lhes inspira, assim também nós, que amamos o Deus Invisível, Impessoal, Intangível, sem forma definida e a quem amamos em espírito e em verdade, temos de encontrá-lo em todas as coisas que são emanações suas, essência sua, reflexos diretos do seu poder soberano e do seu Amor Eterno.

A Criação Universal é o seu templo vivo, e para nós tudo nele deve ser santo, sagrado e digno de um culto reverente, íntimo, amoroso e terno, culto que despertará em nossa alma um profundo sentimento de adoração por essa Suprema Inteligência que se difunde em tudo, preenchendo-o, animando-o e a tudo embelezando.

Despertar em vós esse íntimo sentimento de adoração será o primeiro chamado do vosso irmão Hilkar em vista do conhecimento superior que buscais; a primeira lição, o abecê dessa ciência sublime que é Deus vivendo em união com a alma humana.

Para essa sublime unificação, requer-se a plena e decidida vontade da criatura inteligente que, tendo encontrado e compreendido o Bem Supremo, entrega-se a ele plenamente numa oferenda de amor e de fé, de adoração e submissão que nunca se extinguirá, visto que chegou a identificar-se com Ele.

Quando a alma subiu a esse cume azul e diáfano, seu primeiro impulso é de amor a tudo o que vive no grandioso templo da Natureza.

Ela ama as flores que lhe dão seus perfumes, ama as árvores que lhe oferecem a sua sombra benfazeja, a relva que torna macio e suave o seu andar; ama todos os seres e até as coisas inanimadas que contempla à sua passagem, pois tudo é vibração, energia, sopro e vida Daquele que é a Vida Eterna, que ama acima de todas as coisas. Os elementos da natureza surgem diante dela como reflexos máximos dessa Suprema Vida que adora.

O ar que ela respira, a luz que a faz distinguir tudo o que vive, a água que ela bebe e purifica o seu ser, a terra que lhe dá nutrição com sua fecundidade maravilhosa são as maiores manifestações dessa Eterna Força viva com que a alma busca identificar-se e refundir-se até poder dizer: "Não sou eu que vivo; é Deus que vive em mim."

Todos os adeptos das antigas escolas espiritualistas buscaram e obtiveram essa sublime união da alma com a Divindade como único meio de encerrar em si mesmos os valiosos tesouros de conhecimento e de amor que podem ser possuídos nesta Terra.

Caminhais pelas pradarias em flor e sentis que o ar os vivifica e anima; vosso pensamento mergulha na grandeza divina e vós pensais: "É o alento de Deus que sopra dentro e fora de meu ser para vivificá-lo e renová-lo."

Tomais um copo de água cristalina de uma fonte em que se espelham as estrelas e se reflete a criação universal e, vibrando em Deus o vosso pensamento, diz-vos ele com sua voz sem ruído: "É Deus que aplaca a vossa sede e vos inunda de frescor e de suavidade inefável."

Divinizar tudo, purificar tudo, pelo pensamento e pela vontade, tomando como agentes diretos da Divindade toda criatura, todo ser, toda manifestação de vida associada por lei às vossas necessidades físicas – eis o primeiro degrau que a alma sobe em seu caminho ascendente rumo à Luz, rumo à imponderável felicidade da sua libertação.

Nesta época de decadência, obscurecida por todas as baixezas, corrupções e sensualidades em que a inconsciência humana mergulha cada dia mais, a alma encontra maiores dificuldades para elevar-se acima de toda a degradação, que fez da vida humana um tenebroso encadeamento de atos fora da lei, o qual tende a aniquilar todo sentimento que possa elevar o espírito a um nível mais alto do que o de espécies inferiores sem a luz da inteligência e da razão. E às vezes a alma desce mais baixo ainda...

Assim como as multidões inconscientes buscam tempestuosamente o prazer que emana do vício, mergulhando cada vez mais em sua impotência e miséria, assim também as almas que anseiam pelos poderes divinos que purificam e salvam devem buscar algo que sirva de contrapeso a essa espantosa corrente que leva ao abismo de um atraso inconcebível.

O aproximar-se de Deus pela adoração íntima da alma, que o encontra em todas as manifestações de vida ao seu redor, é a única forma de tornar-nos grandes com a grandeza divina, de modo que possamos dominar os efeitos que vão deixando na natureza humana a grosseira materialização de todo sentimento, a profanação inconsciente do que de mais puro e belo a vida possui.

Por conseguinte, pensai na unificação com a Eterna Energia e com o Supremo Poder quando fizerdes uso das criaturas e das coisas animadas e inanimadas para a conservação da vossa existência, para o sustento da matéria de que vos revestis, instrumento da evolução do vosso espírito. Dessa maneira, a água que bebeis e aquela que, em abluções parciais ou totais, lava e purifica o vosso ser físico; o ar que os vossos pulmões aspiram ansiosamente; as flores cuja fragrância é percebida por vós; a luz que inunda de resplendores o vosso horizonte; a terra que vos beija os pés quando a pisais ao andar; tudo, absolutamente tudo tonificará e vivificará o vosso ser, purificando-o da morbidez própria da matéria grosseira de que vos revestis. Isso *será conseguido pelo vosso pensamento e pela vossa vontade unificados* com o Pensamento Divino, com a Suprema Vontade.

Eis a razão por que todas as escolas de Divina Sabedoria uniam a seus simples e ingênuos rituais um amor reverente aos quatro elementos primordiais: o ar, a água, a luz e a terra. Seu uso diário era como uma oração contínua, ou seja, um pensamento elevado à Divindade, pensamento que transformava em atos sagrados o partir o pão, o beber a água ou mergulhar nela, o receber a luz do Sol nascente, do Sol do ocaso, ou a luz dos astros noturnos a refletir-se na natureza adormecida.

Organismos físicos assim saturados de vida, força e energia divinas, em todos os momentos em que se faz uso dos seres e de todas as manifestações da vida universal, por força de lei e de lógica têm de ver-se livres e purificados dos germes infecciosos e malignos que produzem as enfermidades e a maioria dos males físicos de que sofre a humanidade.

Ao iniciar-vos nesta nova forma de compreender e praticar a vida espiritual, anima-me tão-somente o anseio de aliviar a carga das dores humanas e de que as vossas almas, unificadas com a Divindade – que é Energia, Luz, Força e Amor Infinito –, cheguem ao auge do cultivo interior, ao mais alto grau possível neste plano físico, para que sejais instrumentos eficientes dessa Inteligência Suprema, que encerra em si mesma o que há de maior, mais belo e melhor que nós, seres humanos, podemos conceber.

Avante, pois, no caminho de amor, de adoração e de fé que hoje iniciamos, e pensai que só da vossa decidida vontade e da vossa perseverança dependerá o êxito definitivo.

Contai sempre com o apoio e a inspiração de todos nós, seres que desejamos a elevação espiritual e a verdadeira felicidade para todos os seres desta Terra.

Vosso, sempre.

Os Grandes aos Olhos de Deus

Paz a vós todos.

Acabastes de pronunciar uma palavra de grande verdade: "*Era nessa hora dolorosa e terrível da humanidade que eu devia aparecer, espiritualmente, em meio a ela*", através das páginas de um livro nascido do amor, da abnegação e do sacrifício dos que foram capazes de amar o Mestre até esquecer-se de si mesmos, para oferecer-lhe a oportunidade de voltar a falar de amor e fraternidade aos homens. Com a magia do vosso amor, nunca desmentido através dos séculos, tecestes a tela em que os mensageiros de Deus deviam esboçar a verdadeira imagem do Cristo do Amor, cuja lição de vinte séculos já foi esquecida pelos homens desta hora, que não encontram outro modo de serem felizes senão lançando-se uns contra os outros, com furor de ódio exterminador.

Como não sentir-me profundamente comovido diante de vós, cuja pequenez e modéstia, no concerto da vida terrestre, vos tornam quase imperceptíveis a todo olhar humano incapaz de apreciar valores que não ostentem a tríplice auréola do ouro, do poder e da força? Tal como naquela hora longínqua do meu aparecimento físico sobre a Terra, surgido de humilde berço, devia acontecer na hora presente, nesta nova manifestação da minha personalidade espiritual diante desta geração materialista que caminha rapidamente para a dissolução, o caos e a morte.

As páginas do vosso livro, através das quais me manifesto de novo aos homens, com os vívidos reflexos da mais pura realidade que é possível recolher dos Arquivos da Eterna Luz, representam meu esforço final no sentido de estender para as almas que ainda podem ser salvas uma ponte de ouro para chegar a Deus com a oferenda santa do arrependimento e do amor, princípio iniludível de toda regeneração e de todo progresso.

Recebei uma vez mais a bênção do meu amor e a ternura infinita do meu coração, que sente florescer em si mesmo, centuplicados, o vosso fervoroso anseio de oferecer ao Mestre o esforço final da vossa própria vida em holocausto generoso pela sua obra de libertação humana. Eu muitas vezes vos disse que os meus caminhos estão cheios de sacrifício, sendo escassas as compensações na vida terrestre.

Erguei o olhar para além dos horizontes da vossa atual existência e encontrareis a amplidão infinita de Deus, que se doa às suas criaturas quando elas tecem suas vidas com abnegação, desinteresse e, sobretudo, com amor sublime, síntese e compêndio da Eterna Lei.

Que a bênção de Deus e o seu Amor inefável sejam a compensação para os vossos nobres esforços.

Até sempre.

Filhos de Deus...

Vós o quisestes, Eu também o quis, e desse nosso mútuo querer surgiu o prodígio desta aproximação, apesar da grande distância que me separa do vosso plano terrestre.

Eu vos disse mais de uma vez que tendes em vosso poder a chave de ouro que abre os céus infinitos e me permite fazer-vos sentir a vibração do meu pensamento e o intenso eflúvio do meu amor.

O amor, mago divino que transpõe todos os abismos e faz desaparecer num instante todas as impossibilidades e todas as distâncias.

Vós o quisestes e eu também o quis, para que nesta Quinta-feira Santa, dia de amor, de unificação e de esperança, escuteis de novo a minha palavra, no mesmo humilde recinto onde há exatamente um ano renovei minha aliança convosco, numa confidência plena de amor e de promessas.

Mas no contato de hoje não vou falar-vos de apostolados vibrantes nem de ativas propagandas do nosso ideal comum; pelo contrário, convido-vos a um silencioso recolhimento no vosso mundo interior a fim de que, estudando-vos a vós mesmos, aprendais por fim a valorizar a vossa grandeza de filhos de Deus nascidos Dele e a Ele destinados.

Até quando vivereis absortos por efêmeras ilusões materiais, se sois na verdade pequenos deuses emanados como faíscas da própria Divindade e, como Ela, dotados de um destino imortal, cujos horizontes radiantes ainda não sois capazes de vislumbrar?

A estreita mentalidade terrestre espanta-se diante da magnífica visão da realidade futura a que chegam as inteligências que, tendo compreendido sua origem divina e seu destino imortal, harmonizam seus pensamentos e suas obras com essa convicção, adquirida no estudo constante do próprio mundo interior.

Pensai que estais vivendo a última vida deste ciclo de evolução, que terminará daqui a cinqüenta e seis anos, época em que este planeta e a humanidade que o habita darão outro grande passo no seu eterno progresso rumo ao infinito.

Então será a hora feliz e terrível ao mesmo tempo, hora em que as portas de ferro da Lei se fecharão diante daqueles que ainda não tiverem semeado e colhido em si mesmos as rosas vermelhas do amor fraterno, síntese e compêndio sublime de todas as leis e de todas as doutrinas da evolução humana.

A Terra será então um mundo de amor e de paz, em que "o seu e o meu" será substituído pelo "tudo é de todos", que torna os seres verdadeiramente irmãos, com *igualdade de direitos e de deveres*. Então se poderá aplicar a frase lapidar de um dos meus mensageiros: "Onde o amor impera todas as leis são em demasia."

Mas para chegar a esse ápice feliz e radiante, terá sido necessária esta purificação final de sangue, a fim de que o novo começo de ciclo encontre as roseiras de amor de Cristo depuradas e limpas.

A isto aludiram aquelas minhas palavras que estão no Evangelho de Lucas, palavras cujo profundo significado foi compreendido por muito poucos: "Bem-aventurados os servos que o Senhor, ao vir, encontrar velando; digo-vos que por certo Ele os sentará à sua mesa e os servirá."

Essa é a vinda do Senhor, para estabelecer o Reino do Amor sobre a Terra que tantas vezes bebeu o vosso sangue e o meu, na luta feroz com o egoísmo que, ainda hoje, se debate desesperado para conservar poderes que definitivamente lhe fogem das mãos.

Essa é a vinda do Senhor no fim dos tempos. O Rei Supremo do Amor e da Paz viverá com plenitude de vida em cada habitante deste planeta, que figurará por lei entre os mundos de evolução avançada, nos quais o amor a tudo nivela com a mesma sublime filiação divina.

Mas ai daqueles diante dos quais se fecharem as portas de ferro da

Lei por mais vinte e cinco mil anos em planetas inferiores a este! Vós não tereis dificuldade para imaginar vossas duríssimas condições de vida, bastando considerar as eras e séculos que vós mesmos passastes nesta Terra mergulhada nas trevas de seu atraso espiritual e moral!

Para as inteligências atrasadas deste planeta, a Lei destinou os pequenos globos Hebes e Eros, que receberão os desterrados até que a Luz Divina os tenha feito compreender o sublime significado da grande frase que Eu repeti tantas vezes: "Amai-vos uns aos outros."

Meus amigos de longas eras...! Que este contato convosco triunfe sobre todas as vossas vacilações e fraquezas, levando-vos a pensar que aquilo que realizardes nesta última vida, antes do término deste ciclo, determinará a vossa felicidade eterna, à qual chegareis por direito de conquista, ou a vossa desventura por inúmeros séculos, por lei de justiça inapelável.

Entrai, pois, em vós mesmos. No silêncio e no recolhimento, preparai-vos para receber dignamente o Rei do Amor, que chegará em breve, e cuja presença será para vós tanto mais visível e palpável quanto mais amor tiverdes semeado sobre a Terra.

Deixo-vos, como sempre, minha paz e minha aliança eterna.

O Horto Interior

Paz, esperança e amor.

Há dez anos, num terraço iluminado pela branca claridade da Lua, falei-vos numa noite mais serena e quieta do que estavam então as vossas almas, agitadas pela dolorosa angústia de terem sido despojadas pelos homens do vosso teto e do vosso lar. Quando vos falei, eu o fiz com duros presságios, com tristes augúrios para os anos que viriam, a fim de que as vossas almas não fossem dolorosamente surpreendidas quando os infaustos acontecimentos chegassem como cortejo de negros fantasmas, frios, mudos e hostis.

Lembro-me de que vos falei mais ou menos assim: "Nestes breves dias de calma que Deus vos concede, enchei a vossa ânfora de água fresca e os vossos potes de mel, porque virão dias tão aziagos que talvez não tenhais senão lágrimas para molhar o vosso pão e aplacar a vossa sede. Pensai então se sereis capazes de continuar unidos, amando o Mestre e trabalhando em sua herdade em benefício dessa mesma humanidade que vos despoja, atormenta e despreza sob todas as formas!

"Pensai se, vendo-vos abandonados e incompreendidos por todos, sereis capazes de continuar seguindo os passos do Cristo, impressos com seus infatigáveis pés de peregrino, de eterno viajante, que olha sempre adiante e jamais retrocede...!

"Pensai se sereis capazes de seguir a Cristo por todos os caminhos lamacentos do mundo, sem macular vossas vestes nem fazer descansos perigosos em encruzilhadas de engano e de ilusão!

"Pensai se sereis capazes de pressentir as emboscadas da tentação, disfarçada de afã e anseio da verdade e dos grandes ideais de progresso que muitos de vós vos dirão sustentar, embora tudo não passe de uma máscara grotesca, habilmente composta para dissimular o egoísmo, a lascívia, a avareza e a vaidade daqueles!

"Pensai se sereis capazes de transpor os lodaçais da vida humana terrestre como brancas aves em vôo, sem enredar-vos no emaranhado das pradarias em flor, onde todas as corrupções disfarçadas de amor os convidam a confiar em cálices de ouro... mas cheios, às vezes, do veneno da luxúria que entorpecerá as vossas energias e a vossa lucidez mental, dificultando-vos a conquista completa do desenvolvimento das vossas faculdades superiores!

"Portanto, prestai atenção, porque sereis testados sob todas as formas e podereis dar-vos por felizes se conseguirdes sair impávidos das espantosas borrascas de todo tipo que devereis enfrentar.

"Se sois capazes de unir as mãos e as almas em aliança sublime com Cristo, mesmo à sombra de uma árvore, sem luz, sem fogo, sem pão, adiante! Sois então os missionários que Ele busca, que Ele deseja para servir de base à sua obra de fraternidade e de amor sobre esta Terra."

Essas foram as minhas palavras há dez anos (1931) e, ao compará-las hoje com o que aconteceu, vejo que não estive longe da verdade.

Quão dura foi a realidade...! Mas também, quão grandes as compensações...! E quanta sabedoria acumulada nas mensagens dos vossos amigos do Infinito e nas próprias difíceis lições que recebestes ao longo dos dias dos vossos próprios irmãos de ideal e até dos que têm o vosso próprio sangue...!

Místico e contemplativo como vós, cabe-me a satisfação de abrir-vos a pequena porta do *horto interior* das confidências íntimas com os que antes de vós começaram, em silêncio e quietude, a buscar o Infinito para mergulhar em sua essência puríssima, viver da sua vida e ouvir os cantos do seu Amor!

Sempre convosco.

O Primeiro Caminho do Horto Interior

Novamente junto a vós, na doce quietude do vosso círculo de amor, aproximo-me para iniciar-vos na primeira trilha do "Horto Interior", que é o estudo a fundo de vós mesmos, de maneira que nada vos passe despercebido.

E, visto que a vertigem tumultuosa da época atual vos sobrecarrega de lutas e dificuldades de toda espécie – que perturbam grandemente a vossa paz interior –, é conveniente que o estudo de vossa personalidade espiritual fique plasmado em algo que não possa esfumar-se no labirinto de pensamentos e preocupações exteriores, bem como em algo que esteja sempre ao alcance de vossos olhos em todos os momentos de concentração e de recolhimento.

Para isso, indico-vos a conveniência de terdes um pequeno caderninho, fácil de usar, de bolso, que denominareis: "Horto Interior." Em suas primeiras páginas, escrevereis as lições iniciais de Cristo, que vos abriu o divino jardim encantado da união com a divindade e, se quiserdes, a que eu vos dei no começo (Horto Interior) e que indica o caminho a seguir.

Em seguida, começareis outra página com o seguinte título: "A alma desnuda diante de Deus." Começa aqui a tarefa de estudo do vosso interior. Como já está claro que essa caderneta ficará escondida a todo olhar estranho, nela vazareis sem temor algum até as mais íntimas impressões, anseios, deficiências, fraquezas com que tendes de lutar, a fim de ir burilando pouco a pouco a pedra preciosa do vosso próprio Eu.

Essas páginas mudas receberão todas as vossas confidências íntimas e, quando as percorrerdes de novo, vos encontrareis a vós mesmos, tais como sois diante de Deus e não como apareceis diante dos homens, de quem muitas vezes vos vedes obrigados a esconder vosso verdadeiro sentimento, como meio de defender-vos de armadilhas e enganos. Ocorre que, num momento de rebeldia interior, pensais e agis de uma determinada maneira e, quando passa esse estado de espírito, voltais à atitude inversa e pareceis outra pessoa.

Pois bem, todas essas inconstâncias, que são deficiências prejudiciais ao desenvolvimento das faculdades superiores – as quais exigem que a alma seja mantida num tom de intensidade serena, elevada, nobre –, ficarão gravadas no vosso caderninho secreto, como um retrato interior que vos mostra as manchas para que procureis apagá-las.

Do profundo segredo em que mantiverdes esse caderno dependerá o serdes perfeitamente sinceros e abertos, como o sois diante de Deus, único dono e possuidor de tudo o que respira em vós.

Ao terminar a jornada terrestre de um de nós, os que permanecerem no *Horto Interior* serão os únicos que poderão ler o livro secreto do irmão que partiu.

Por isso, é tarefa vossa a busca de continuadores, com a finalidade de que o *Horto Interior* que se abriu aqui para vós nunca fique solitário; para tanto, são necessárias a observação silenciosa mas incessante, grande cautela e prudência.

Para os que penetram nesse santuário íntimo que denominamos *Horto Interior*, é de grande valor o silêncio que propicia o trabalho mental em favor daqueles que vos cercam ou se vinculam convosco de uma forma ou de outra.

O amor, o silêncio, a serena observação de tudo quanto vos rodeia interior e exteriormente são as únicas armas de defesa que o viajante do *Horto Interior* pode usar.

Sempre ao vosso lado nos caminhos de Luz que buscamos juntos.

Até sempre.

Evolução e Mediunidade

Que a Paz esteja em vossos corações. Percebendo a ânsia de progresso que palpita na maioria dos que seguem o caminho espiritual, creio que é muito oportuno falar-vos esta tarde sobre a evolução do espírito e das faculdades que lhe são próprias, faculdades mais comumente conhecidas como *mediunidade*, ou seja, a capacidade de perceber as idéias e pensamentos das inteligências desencarnadas e exprimi-las verbalmente ou através da escrita.

É quase geral a crença de que a evolução do ser e a mediunidade são uma mesma coisa; mas asseguro-vos que essa crença é completamente equivocada.

É verdade, com efeito, que, unidas num mesmo indivíduo, essas duas qualidades produzem manifestações extraordinárias, que são como transbordamentos da luz divina, da sabedoria infinita, da eterna harmonia do Universo. E essas pessoas foram chamadas, pelas diferentes ideologias filosóficas ou religiosas, de Profetas, Santos ou Gênios.

E para que vós – que formais nas fileiras da nossa Fraternidade Cristã – tenhais a atitude correta quanto a isso, explicar-vos-ei com clareza o que é a Evolução do espírito e o que é a Mediunidade.

A Evolução é uma conquista do espírito que, através de eras e de séculos, ao longo dos quais se encarnou várias vezes, com inauditos sacrifícios e grandes dores, foi despojando-se das condições primitivas próprias dos estados de vida pelos quais foi passando. E sendo a alma humana uma fagulha divina da Eterna Chama Viva que chamamos de *Deus*, perfeição suprema, vive inato nela o anseio de aprimoramento, de ascensão, de subida, de altura, de cumes, e ela nunca se verá satisfeita até chegar a essa Suprema Perfeição da qual surgiu em eras remotas.

Esse anseio se manifesta nas almas sob aspectos muito diversos, segundo o nível que elas conseguiram atingir nessa longa escada que chamamos *Evolução* ou aperfeiçoamento dessa jóia preciosa que carregamos em nós mesmos e à qual dão importância secundária os que desconhecem seu infinito valor.

Nessa incomensurável escada, alguns estão ao nível do chão, sem ter ainda começado a difícil subida, outros, nos primeiros degraus; outros, na metade ou a três quartos do final, e a minoria pisando já o último degrau. O que estes últimos padeceram ao vencer a si mesmos, em renúncias sem conta e sem medida, em atos de abnegação, heroísmo e desprendimento, só Deus e eles mesmos o sabem. Mas chegaram ao fim, e a alma descansa feliz na serena plenitude que sucede à maior realização a que ela pode aspirar. Identificada com a Eterna Potência, é uma mesma essência com Ela para sempre, um reflexo de sua Luz soberana, um raio do seu Amor Eterno.

Passo agora a explicar-vos o que é a faculdade de servir de instrumento transmissor das idéias, pensamentos e forças percebidas dos planos espirituais, ou seja, o que se costumou denominar Mediunidade.

Há no organismo humano centros de percepção dos sons, vozes e vibrações dolorosas ou felizes de tudo o que respira e vive no imenso universo que nos cerca e envolve como a luz e o ar que respiramos.

E, nos seres extremamente sensitivos, essas percepções são tão vivas e tão fortes que produzem neles um estado de *hipnose*, fazendo-os perder parcialmente, ou em absoluto, o conhecimento e até a memória. Esse momento é tão delicado e preciso que só um Guia que conheça com perfeição tudo o que se refere a essa questão pode produzir a perfeita conjunção da sua mente com a mente encarnada, que será o seu transmissor no plano físico.

Isso fará com que compreendais a inutilidade dos chamados passes magnéticos que costumam ser feitos, normalmente para ajudar (segundo dizem) na realização da manifestação. Os seres encarnados só podem cooperar nas boas manifestações com a quietude silenciosa e a elevação dos pensamentos com que se deve cercar a pessoa sensitiva; com um sentimento de amor profundo pelo Cristo Divino, Guia-Instrutor desta humanidade, pelos seus mensageiros espirituais e por todos os seres presentes no recinto da evocação.

É isso que forma esse puríssimo ambiente que denominamos abóbada psíquica, indispensável para que possam chegar vivas e nítidas as percepções dos planos espirituais elevados até o sensitivo que as espera. E como a *Lei da afinidade* se cumpre nos planos espirituais com mais exatidão e rigor ainda do que nos planos físicos, as Inteligências Superiores buscam para intérpretes os sensitivos encarnados que lhes são afins por sua evolução e, sobretudo, por sua dedicação amorosa e constante às coisas divinas.

A mediunidade nasce com os seres, por influências planetárias, quer se trate de seres evoluídos ou primitivos. Isso explica o fato de que haja indivíduos de baixos instintos e hábitos ruins que, tomados como intérpretes por inteligências do plano astral mais inferior, se transformam em instrumentos de obsessões, enganos e de inúmeros males espirituais e físicos.

De tudo o que foi exposto, deduz-se que a Evolução é uma magnífica conquista do espírito humano, que em longos séculos de esforços, sacrifícios e superações conseguiu escalar o cume da perfeição; é o que o torna grande diante da divindade, que vê refletidos ali o poder e a sabedoria da sua eterna e única Lei: *Ama a Deus sobre todas as coisas e ao próximo como a ti mesmo.*

Em contrapartida, a mediunidade por si só não torna ninguém grande, causando inúmeros males aos que se servem dela para fins egoístas e maus, porque essas pessoas, pela lei da afinidade, são tomadas como instrumentos por inteligências malignas do plano astral mais inferior.

Peço ao Divino Mestre que esta lição do vosso irmão Hilkar vos sirva de orientação para não cometer imprudências devidas ao desejo de poderes e faculdades que não estejam em vós e que nenhum ser encarnado vos pode dar; porque se existem faculdades em germe, somos nós, vossos irmãos espirituais, os encarregados pela Lei Divina de manifestá-las no momento adequado.

Nós, conhecedores das leis que regem esses processos interiores, sempre levamos em conta o estado físico de cada ser, pois não devemos expor a saúde e a vida de um cardíaco ou de um anêmico, que não resistiriam sem prejuízo próprio às fortes emoções que às vezes acompanham as percepções vibratórias dos planos espirituais mais elevados.

Que a luz do Cristo Divino e seu amor inefável e eterno vos acompanhem em todos os momentos de vossa vida.

Um Novo Despertar do Vosso Eu Íntimo

Em sua última vida, nosso Divino Mestre disse-nos um dia, já próximo ao sacrifício na cruz: "Vos dispersareis aterrados como ovelhas, em cujo tranqüilo redil penetrou um lobo."

"Por minha causa sereis perseguidos, caluniados, encarcerados e açoitados."

"Padecereis a fome, a sede, a nudez e o cansaço, e muitos de vós sereis levados à morte por causa de meu nome."

"Mas, não temais, porque Eu estarei convosco até o final dos tempos."

As palavras do Mestre nunca foram para um só dia, senão para todos os séculos que viriam a seguir.

As palavras de um Messias são a Divina Sabedoria, que é para todos os tempos.

Nessas palavras deveis pois buscar o porquê das coisas dolorosas que vos ocorrem e com elas fortalecer vossa fé em vez de debilitá-la e atenuá-la.

Enquanto nesta humanidade o egoísmo, ou seja, o amor desmedido do Eu, não for vencido por completo, nós, os seguidores do Redentor, estamos em minoria desvantajosa, e como somos em menor número e queremos eliminar a voracidade egoísta e despótica dos demais, é lógico e evidente que uma luta tenaz se estabelece, e onde há luta, há dores de toda espécie, há derrotas e triunfos. E as minorias precisam fazer esforços redobrados.

Tendes uma abóbada psíquica de proteção, ao redor da qual serpenteiam como víboras enfurecidas as forças do mal.

Um descuido, uma negligência vossa, qualquer circunstância inadvertida abre uma brecha nessa muralha de proteção, as más correntes se infiltram e, seguramente, tereis uma enfermidade ou grandes tristezas e abatimentos, ou circunstâncias contrárias e dolorosas de qualquer espécie que seja.

Por isso, vos aconselhamos que estejais sempre alertas, que eviteis qualquer coisa que possa causar a menor separação entre vós, que formais a aura conjunta na Escola do Divino Mestre, que é a Fraternidade Cristã Universal.

É una e fortíssima essa aura depois que se destruiu todo egoísmo e separatividade de raças, de credos políticos e religiosos, de interesses.

É una e fortíssima quando sois tolerantes e benévolos em vossos pensamentos, em vossos juízos e em todos os vossos atos na vida de relação com vossos irmãos de comunidade.

Faltas e imperfeições todos temos, mas o egoísmo, que ainda está demasiado vivo, nos faz ver muito pálidas essas imperfeições em nós mesmos e naqueles que nos são queridos. E achamos sobremaneira graves essas mesmas faltas nos outros.

Esta falta de lógica e de justiça em nós constitui uma muralha fluídica que dificulta nossa entrada no Reino de Deus, que é a lógica perfeita, a justiça perfeita, o amor perfeito.

Um verdadeiro discípulo de Cristo não deve fazer comparações entre o que fazem os outros e suas próprias obras; porque o que tem mais aptidões, mais compreensão, mais capacidade física e moral, é o que está obrigado a maior perfeição em todos os seus atos.

Ele deve ser muito cauteloso e prudente em fazer juízos relativos aos demais, *sem deixar-se levar jamais pelas aparências externas nem pela opinião dos outros*, que aliás não têm nenhuma luz superior para discernir entre o bem e o mal que pode haver no íntimo dos seres e das coisas.

Se fazeis por merecer a Luz Divina para dar a todas as coisas seu justo valor, a tereis em muita abundância e a este objetivo vos devem servir as concentrações.

É impossível a aproximação de um ser em espírito ou em estado de desdobramento num círculo de sensitivos, onde todos lhe são contrários, sem causar um grave desequilíbrio na mente e no cérebro do médium.

Vós vos deixais levar com demasiada facilidade por aparências equivocadas e infundadas para formar vossos juízos e conceitos sobre todas as coisas.

Como integrantes da Fraternidade Cristã, deveis aprender a ouvir, ver e calar aos primeiros impulsos, para que vosso Eu íntimo estude as coisas com calma e sossego.

É por isso que nós não podemos ter a liberdade de vos falar na forma que seria conveniente para vosso desenvolvimento espiritual.

Quantas vezes haveis promovido tormentas fluídicas e espirituais pelas comunicações referentes a países que contam com vossa simpatia!

Acaso vós sabeis por quais meios as Inteligências Superiores pensam conseguir a eliminação do egoísmo e o triunfo da Fraternidade?

Nem nós, vossos Guias, conhecemos em detalhe todo o Plano Divino para a evolução e transformação desta humanidade.

Nós nos limitamos a manter-nos no lugar que nos foi designado, obedecendo às ordens que as Grandes Inteligências nos transmitem.

O fato de subir ou cair um governante ou uma dinastia, de um tirano permanecer alguns meses mais em sua triste aparente grandeza, são circunstâncias pequenas demais para dar-lhes essa decisiva importância, como se o universo fora controlado por bonecos de papel, joguetes de forças que eles próprios ignoram.

Sede mais serenos, para dar a cada coisa seu justo valor e para fazer dos avisos espirituais que vos são dados a justa análise e para interpretá-los em seu verdadeiro sentido.

E, se é verdade que mais da metade da humanidade atual deve deixar em massa a matéria física, por que vos parece estranho esta rajada de destruição e morte que está passando sobre a Terra?

Pensai bem em vossas pequenas questões particulares: "A LEI SALVA AO QUE QUER SER SALVO." Porém, neste querer ser salvo há muitas coisinhas íntimas que cada qual deve ver no fundo de sua consciência, pois para dizer com verdade absoluta: "QUERO SER SALVO", é preciso estar por completo dentro desta lei: "SÊ PARA O TEU PRÓXIMO COMO QUERES QUE ELE SEJA CONTIGO."

Àquele que pagais, pagai o justo; àquele que cobrais, cobrai o justo, porque ante a Eterna Lei não valem as simulações nem existe ocultação possível; pois diante d'Ela não bastam as aparências de justiça, de honradez e de bondade; tudo isso terá de existir verdadeiramente.

Tudo isto entra nessa vontade de ser salvo.

Meditai e analisai vosso interior todos os dias.

Se vossos atos e vossos pensamentos estão de acordo com a vossa Lei, não temais nada, absolutamente nada, pois é então que podereis dizer de boca cheia: "DEUS SERÁ O MEU SALVADOR EM TODAS AS COISAS QUE SIGNIFICAM UMA NECESSIDADE PARA MIM." E o será, não duvideis.

É a modesta oferenda de vosso irmão Tubal, que vos ama.

Até sempre.

Que a Paz Esteja Convosco!

Que a Paz esteja convosco!

Eterna expressão usada por mim em todas as etapas da minha longa vida, porque ela sempre será o símbolo divino de tudo o que de grande e bom vos pode desejar o meu coração.

Que a paz esteja convosco, meus filhos – volto a repetir-vos – e que, mergulhados na diáfana claridade dessa paz divina que o Pai derrama sobre seus eleitos, saibais encontrar nela os tesouros de sabedoria, resignação, abnegação e renúncia de que precisais para realizar com mérito a vossa jornada atual.

Bem-aventurados os que têm fome e sede de justiça, de verdade e de amor, porque serão satisfeitos; e bem-aventurados os pacíficos, porque verão a Deus.

Essas palavras ditas por mim na intimidade das vossas almas naquela hora longínqua em que estáveis ao meu lado, vendo-me viver de sua própria vida, eu os levo a senti-las hoje nesta nova aproximação espiritual, para com elas responder ao clamor intenso, à queixa dolorosa que me chega das vossas almas oprimidas pelo peso da vida material e pela tortura imensa que vos causam as provas que, mais ou menos duras e cruéis, pedistes e aceitastes.

Tortuosos e sombrios são às vezes os caminhos na via espiritual daqueles que, como vós, quiseram buscar entre o pó dos séculos minhas pegadas tingidas de sangue, para repousar sobre elas os vossos pés de viajantes eternos.

Tempestades fora e tempestades dentro de vós mesmos às vezes infundem a vertigem do terror no vosso espírito, que clama a mim do mais profundo do seu abatimento: Mestre! Onde estavas quando eu tanto padecia? Onde estavas quando eu morria de sede e não encontrava água cristalina e pura para aplacá-la? Onde estavas quando eu caía oprimido pelo peso da vida, pela nostalgia do desterro e pela miséria do meu próprio ser? Onde estavas quando os abismos do caminho interrompiam a minha passagem e eu estendia as mãos nas trevas, sem encontrar senão as sombras, a solidão e o silêncio? Onde estavas?

Meus filhos! Eu estava ao vosso lado com o meu pensamento e o meu amor, mas a vertigem da vida, com seu agitado vagalhão, e as densas brumas da matéria, às vezes impedem-vos de sentir-me, porque também às vezes vos esqueceis de buscar a luz, o consolo e a paz onde a fé vos diz que os achareis.

Quando vivi da vossa vida, bebi no cálice das vossas amarguras e carreguei sobre os ombros as vossas dores e misérias, também me vi, como vós, oprimido pelo cansaço e pela nostalgia, pela amargura e pelo tédio em tão alto grau que, em minha última hora de vida terrena, suspenso já sobre o patíbulo, exalei aos ventos a tremenda queixa da minha alma abatida ao máximo: Pai, por que me abandonaste?

Acaso estava eu abandonado por Ele?

A traição de um dos meus discípulos mais íntimos, a negação de outro, daquele que fora talvez quem mais protestos me fizera de fidelidade e de amor, e que chegou a ponto de fazer-me sentir todo o amargo sabor destas palavras geladas: "Não conheço esse homem, nunca o vi"; o abandono de todos os que eu amara, a presença extremamente dolorosa de uma mãe que morria de angústia ao pé do montículo da tragédia, e de uma mulher que agonizava comigo, como um trapo humano, ensangüentada e soluçante, ao pé da minha cruz, todo esse acúmulo de dor obscureceu o meu espírito, cobrindo-o de trevas. Enfraquecida a minha fé e amortecida a luz interior, queixei-me injustamente ao Pai, crendo-me abandonado por Ele.

Mas a alma infinita de Deus, que recebe em si a menor das vibrações do universo, ouviu a queixa do meu espírito, e no exato instante em que a dor chegara ao paroxismo de intensidade, uma vaga imensa de paz, de amor e de luz caiu sobre mim como uma divina inundação, e, esquecendo todas as minhas dores, passei às moradas eternas num sopro veloz que mergulhou nas diáfanas e suaves correntes da imensidão infinita.

Na vossa via de purificação espiritual, já passastes pela etapa da vida ativa, em que a alma sente a febre e o afã de prodigalizar-se em palavras e obras puramente exteriores; estais já um passo acima e vos encontrais no grau divino da serenidade, onde sentis a necessidade da união íntima com o mundo espiritual, que vos impele à solidão e ao retiro, que vos impulsiona pelos estreitos e áridos caminhos da abnegação e da renúncia, do silêncio e da meditação.

Adiante, pois, que a voz do vosso Mestre vos acompanha e anima nessa ascensão pedregosa e solitária.

Passada a encosta da serenidade, deparareis com os deslumbramentos do êxtase, em que a grandeza eterna do Pai vos fará sentir toda a sua magnificência e esplendor, ainda dentro do invólucro material que tanto peso representa às vezes para a vossa alma, ansiosa de liberdade e de infinito.

Cruel e dolorosa é a subida aos radiosos cumes da perfeição; e se, seguindo o Mestre etapa por etapa, ele nunca exigiu de vós juramentos nem compromissos, apenas aceitou o vosso amor confiante e terno, unindo-se a vós por esse invisível laço que vincula docemente as almas através dos séculos, é porque escolhestes nas trevas da vida material a via por onde subis com tanta dificuldade.

Sois livres para seguir outras rotas menos sacrificadas e sombrias. Pesa-vos acaso demasiado a cruz do vosso Mestre?

Considerais por demais duros e gelados os vossos passos sangrentos estampados nas rochas das montanhas ou nas areias dos desertos? Bem-aventurados os que têm fome e sede de justiça, de verdade e de amor, porque serão satisfeitos! Bem-aventurados aqueles que à luz radiante e serena da fé buscam, no âmbito do seu mundo interior, a grandeza de Deus que se doa às suas criaturas, na medida em que estas a pedem e desejam!

Sois vós os pequenos "Jesus" da hora atual, encarregados por mim de proporcionar a água limpa e pura da minha doutrina e do meu amor aos pobres sedentos da humanidade.

Sois vós os guardiães do tépido e silencioso santuário das núpcias divinas do meu amor com as almas que me buscam e me seguem, almas das quais tenho tanta e tanta sede!

Sois vós os guardiães do instrumento escolhido para esta canção eterna, que o meu espírito canta aos que, mergulhados nas sombras da matéria, sentem, não obstante, a ânsia infinita de voar aos cumes serenos onde já não se ouvem o fragor das tormentas nem o rugir das feras, mas tão-somente o rumor de asas de águias que espreitam serenas, dominando a imensidão... onde só se sente o suave alento de brisas suavíssimas, anunciadoras da proximidade de uma bem-aventurança eterna.

Ouvindo clara e distintamente os vossos pensamentos neste instante, digo-vos: Bem-aventurado o homem que, conhecendo sua falta, seu erro e suas fraquezas, penetra corajosamente no seu mundo interior para preparar seu jardim oculto, para que este produza as flores e os frutos que o nosso Pai Celestial dele espera e deseja!

Meus filhos, deixo-vos a minha paz e o meu amor, para que vos sirvam de eterno penhor da minha aliança com todos vós.

Até sempre.

Apascenta Meus Cordeiros

Que o consolo divino do Pai desça sobre vós com superabundân cia infinita!

Meu pensamento e meu amor vos esperavam neste lugar, e vós tardáveis a chegar a mim. Esperava-vos para conversar convosco sobre a nossa obra comum, em íntima confidência de amigos.

Sinto neste recinto algo como um vapor de lágrimas derramadas no silêncio, uma ressonância de soluços contidos e profundos, vibrações de gemidos que lutam por mergulhar mais e mais no abismo das almas capazes de suportar até o heroísmo todas as dores humanas.

Sinto como um vapor de lágrimas derramadas na sombra e o pulsar trêmulo e aflito de corações atormentados.

Meus filhos! Quão profundamente sentis a amargura do desterro, as trevas desse pesado cativeiro e a vertigem dos precipícios que todos os dias atravessais na áspera caminhada pela qual ides buscando a perfeição!

Ao ver-vos desfalecer, oprimidos pela angústia do longo caminho, digo-vos as palavras que repeti a Pedro num dia longínquo, depois de ter ouvido os seus vibrantes protestos de amor e de fidelidade: "Tu me amas mais do que os outros?" E ele me respondeu por três vezes: "Sim, Senhor, tu sabes que eu te amo." E eu acrescentei simbolicamente às suas palavras: "Então apascenta meus cordeiros."

Isso significava dizer-lhe que a esse amor maior correspondem mais abnegação, mais desprendimento, mais esquecimento de si mesmo, mais paciência com as fraquezas e misérias dos que semeavam de dor o seu caminho.

Nesta hora diáfana e serena em que o vosso Mestre aproxima a sua alma das vossas, ele vos faz a mesma pergunta que dirigiu a Pedro: "Vós me amais mais do que o resto da humanidade?"

Buscais a minha lei e os meus caminhos com mais vontade do que o restante dos homens? Compreendeis o que é beber das fontes de salvação que vos ofereci há tanto tempo?

Porque se o vosso amor, a vossa vontade e a vossa compreensão não são maiores do que os do resto da humanidade, para que teria Eu de transpor abismos quase infinitos, saindo da minha morada de eterna beatitude para aproximar-me de vós, buscando, em vossa grande abnegação e em vossas decisões heróicas os novos semeadores da verdade e do amor?

Para que teria Eu de descer de incomensuráveis alturas com a minha lâmpada acesa, se não houvesse ninguém na Terra que percebesse a sua claridade?

Para que haveria Eu de desfolhar as flores divinas da paz, do consolo e da esperança se não houvesse neste desterro ninguém que as desejasse de verdade e guardasse com amor suas pétalas impregnadas do perfume da eternidade?

Seria esse um momento doloroso e terrível, em que vosso Mestre teria de dizer que desceu à Terra em busca de pessoas que o amassem e que não pôde encontrá-las; que desceu em busca de depositários dos tesouros de amor que o Pai lhe confiara e não encontrou almas em quem derramá-los; que desceu buscando consoladores para a sua infinita ânsia de almas para redimir e salvar e não encontrou senão a indiferença, o desprezo, o esquecimento da humanidade, cada vez mais mergulhada nas ambições grosseiras e nos prazeres efêmeros, pesados e turvos que formam a sua vida habitual de atraso e de ignorância!

E por saber que vós me amais mais do que o resto da humanidade, digo-vos como a Pedro naquela hora distante: "Apascentai os meus cordeiros, como pastores amantes e ternissimos para com os vossos irmãos pequenos, fracos, doentes e miseráveis; sabei extrair do inesgotável mar de vosso amor, do pélago sem fim de vossas virtudes, a água que os purifique, o bálsamo que lhes cure as feridas, a suave corrente que os conduza à herdade do Pai e a luz que encha de resplendor os seus caminhos brumosos e curvos!"

E por saber que vós me amais mais do que o resto da humanidade, eu vos direi estas palavras neste ambiente claro e diáfano que o vosso amor e a vossa fé preparam para mim como deliciosa morada, cuja suavidade compensa o Mestre pela amargura causada por tantos e tantos seres que, tendo-se esquecido de velhos compromissos e de antigas alianças, tendo-se esquecido de que os séculos se sucedem e se aproxima por fim a hora inexorável da Justiça Eterna, continuam abismados em seus mesquinhos egoísmos, em suas volúveis criações, correndo atrás de miragens que os afastam cada vez mais do seu caminho, tornando mais e mais profundo o abismo da sua felicidade!

Meus filhos! Vós que me rodeais e me buscais, vós que compreendeis onde estão a luz, a felicidade e a paz, por que chorais às vezes com a angústia daquele que não tem esperança? Por que a amargura do desterro vos leva a esquecer que ele é fugaz e passageiro e que, no fim da jornada, espera-vos a grandeza de Deus, mais imensa do que todos os vossos desejos e do que tudo o que o vosso anseio possa abarcar?

Vejo-vos ainda apegados às coisas da Terra, às quais dais valor maior do que elas na realidade têm!

Vejo-vos fracos na fé, o que vos priva da convicção íntima e da certeza profunda de que nem um único fio de cabelo da vossa cabeça cairá senão por vontade do Pai, e de que a sua Providência infinita vela sobre os seres de forma tão ampla e com solicitude tão magnânima que dispõe todas as coisas para o bem e pelo bem daqueles que acatam a sua Lei Divina e buscam a verdade eterna antes de todas as coisas!

Não deixeis, pois, que essa sombria amargura esgote as vossas energias e lance-vos uma pesada montanha sobre as almas, cujas asas diáfanas buscam ansiosamente ganhar as alturas às quais chegou a hora de alçar vôo.

A cruz da vida – que tanto vós como eu sentimos – é aliviada com a fé radiante e luminosa que vos faz sentir a Deus como causa, promessa e recompensa de tudo o que sois e sereis; com a fé radiante e serena que vos faz sentir também a irradiação do Mestre que vos acompanha e guia, e que, tendo chegado ao cume antes de vós, mas pelo mesmo caminho, vos espera na hora da compensação eterna, que já se encontra próxima; cujas brisas de paz, de felicidade, de luz e de amor já começais a sentir desde já, quando, afastados um pouco das grosserias da matéria, elevais vossas almas aos altos cumes a que vos leva vosso desejo.

Que a bênção e o amor que vos deixo neste momento vos façam sentir a paz, a alegria e a doçura infinita que o Pai derrama sobre todos os seus filhos.

A Cada Dia Basta a Sua Dificuldade

Que o Pai derrame sobre vós seus consolos inefáveis para que o desterro por que passais vos seja menos penoso.

Percebo claramente vossos anseios vivos e vossos pensamentos constantes que interrogam o infinito, que buscam no mundo espiritual, tal como as abelhas buscam o néctar e o orvalho nas flores, as lições da divina sabedoria que vos ajudem a avançar pelos duros e difíceis caminhos que vos foram assinalados pela lei eterna da evolução.

Sentado num dia como este numa verde pradaria cheia de silêncio e de tranqüilidade, cercado pelos meus discípulos mais próximos e íntimos, ouvi-os conversar sobre quais obras, quais ações encerravam em si maior merecimento e faziam o espírito progredir mais no decorrer das múltiplas vidas e transformações pelas quais ele vai passando em seu eterno caminho pelo infinito.

Tal como vós agora, eles se entregavam a árduas e pesadas elucubrações, depois das quais diziam: "Magnífica e luminosa carreira a daqueles que dedicam a vida ao engrandecimento de vastos países e à civilização de povos numerosos; vida de avanço e de progresso é a daqueles que, com dons superabundantes e preciosos derramam sua palavra radiante de verdade e de sabedoria sobre as almas, ajudando-as a iluminar seus obscuros caminhos e a aplainar a trilha de sua evolução."

Depois de ouvir em silêncio e por longo tempo a manifestação dos pensamentos deles, eu lhes disse estas simples e breves palavras: *A cada dia basta a sua própria dificuldade*; e, explicando-lhes o significado delas, eu lhes disse, tal como faço a vós agora:

A cada dia basta a sua própria dificuldade. Vossa vida atual é o dia de hoje, e não deveis perder tempo elucubrando se o dia de ontem foi mais claro, de maiores méritos ou de maior lucidez do que o de hoje. Cuidai para que o dia de hoje vos proporcione o maior rendimento possível no aperfeiçoamento de vosso espírito; pois se no dia de ontem semeastes e outros colheram, o dia de hoje é outra vez de semeadura e de colheita para vós, porque chegou a hora em que, antes de dar a beber das águas divinas que são Verdade, Justiça e Amor, a vossa taça deve transbordar, a fim de que desse transbordamento bebam e recolham os que são menores do que vós.

A cada dia basta a sua própria dificuldade. Grandes são os afãs da hora atual se vos colocardes no lugar que vos cabe.

Se em outros dias pudestes dar a luz da vossa lâmpada e a água clara do vosso copo, tendo aberto trilhas nos espinhais, rotas nos desertos e pequenos caminhos ocultos na sinuosidade das montanhas, no dia de hoje a vossa luz há de iluminar todos os âmbitos do vosso castelo interior, antes de dar claridade aos que caminham ao vosso lado.

Quando a água limpa e pura da vossa taça tiver lavado a impureza de vossas chagas, curado a vossa febre e silenciado os vossos delírios, aproximai-a dos lábios ardorosos de vossos irmãos, que percorrem hoje o caminho que trilhastes ontem.

Se ontem abristes rotas, caminhos e veredas diante do mundo que vos contemplava, atônito com a vossa obra, e a fama soltava ao vento seus clarins e a lisonja desfolhava lauréis, hoje vos cabe percorrer na obscuridade e no silêncio esses mesmos caminhos, sem que cheguem a vós ressonâncias de hosanas, de aplausos nem de lisonjas inúteis; percebereis apenas o rangido da folhagem do caminho sob os vossos pés cansados, ou, mais ainda, o som do vento frio que vos açoita o rosto, ou o bramido das águas ameaçadoras e tempestuosas, ou ainda o desmoronamento das pedras ou das árvores gigantescas arrastadas pelo vendaval.

A cada dia basta a sua própria dificuldade. No dia de hoje, sois chamados a provar com os vossos atos, pensamentos e desejos mais íntimos e ocultos que possuís em abundância, dentro de vós mesmos, a luz que espalhastes e a água que oferecestes; sois também chamados a mostrar que os caminhos que abristes para os outros podeis também percorrê-los com os vossos próprios pés.

Bem fizestes em iluminar os outros em vossos dias longínquos; mas chegou o momento de vos iluminardes com essa mesma luz o abismo ignorado e profundo que sois vós mesmos, e onde só Deus e a vossa consciência podem penetrar. Vejo e sinto com clareza a amargura que se encerra nos pensamentos de dúvida que, sobre vós e a vossa missão atual, adejam como pássaros negros sobre ruínas abandonadas.

Compreendo e sinto esses pensamentos, porque, em minha última jornada terrena, também os senti corroendo-me as entranhas como abutres vorazes que quiseram despedaçar meu coração e devorar uma a uma as flores divinas de minha alma, ensimesmada em ideais santos e sublimes que às vezes o resto dos homens não compreende nem sente.

Quantas vezes, em minhas horas de solitária meditação à luz das estrelas, únicas testemunhas de minhas angustiantes elucubrações, eu me perguntava, duvidando de minha missão de redenção humana: Será que sou louco? Será que sou um visionário que corre atrás de uma quimera? Se os homens me julgam desequilibrado e inútil porque resisto a formar alianças humanas, rejeito o fardo de uma família e me proclamo irmão de todos os homens. Será que de fato estou caminhando às cegas rumo a um precipício, ou será que este fogo interior que sinto e esta voz interior que me impulsiona é a voz de um dever pedido e aceito diante de Deus, na eternidade?

Meditai sobre as minhas palavras; elas são verdade e vida. O dia de hoje deve ser o cume radiante a que vos tenham elevado os esforços de todos e de cada um de vossos dias passados, que ficaram na noite dos tempos.

Até sempre.

O Mestre Vela

Quão suaves e diáfanas são as emanações que as almas difundem no éter quando o amor estende entre elas suas redes invisíveis! Impulsionado por esse Eterno Amor, meu espírito e o vosso buscando ansiosos também o amor, formamos esta onda radiante e suave que permite e realiza essa íntima união das vossas almas com a minha. Amar-vos uns aos outros para chegar a prodigalizar o perdão, a tolerância e essa doce benevolência em pensamentos e juízos, que é a divina eflorescência do amor... *eis aí encerrada a paz.*

Amar-vos uns aos outros para dar-vos reciprocamente em dons materiais e em afetos da alma, em oferendas de abnegação e até de heróicos amores... *eis aí concentrada a felicidade.*

Nas criaturas e em todas as coisas do mundo, amar ao Todo Supremo, à Eterna Essência Criadora que é luz e harmonia inextinguível, grandiosa palpitação do universo, princípio e fim de tudo o que vive... *eis aí a sabedoria.*

Paz, felicidade e sabedoria, augusta trindade que vem a ser a eterna compensação do espírito esforçado e corajoso que, depois de penosas jornadas, consegue escalar o cume!

Quando as dificuldades da vida vos fizerem vacilar em vosso mundo em seu plano de sombras, enquanto avançais pelo caminho que vos indiquei com a minha doutrina, pensai confiantemente: *O Mestre vela.* Em meio a vossas grandes dores e nas trevas das grandes tempestades, tendes a coragem e a força de dizer, com a alma repleta de doce e integral confiança: *O Mestre vela.* É esta a verdade.

Não seria insensato pensar que nós, que vos precedemos na eterna subida à Luz e recebemos do Eterno Amor *a ordem soberana de cooperar incessantemente para a perfeição de todas as criaturas*, vos deixemos esquecidos em vosso penoso desterro, sem fazer tudo o que o poder, a sabedoria e o amor adquiridos nos permitam realizar por vossa libertação e felicidade? Não é contrário a toda lógica pensar que Eu, depois de duras e penosas jornadas na matéria, depois de terríveis e espantosos sacrifícios para cooperar em vossa ascensão a Deus, venha a esquecer-vos agora, feche meu espírito à compaixão e ao amor e, absorto na eterna posse da felicidade duradoura, como um vulgar egoísta, vos deixe abandonados às vossas forças e aos escassos e débeis meios de que, envoltos na matéria, dispondes para a vossa libertação como espíritos?

Que se reanimem a vossa fé e a vossa esperança em minhas eternas promessas, e que, quaisquer que sejam as borrascas interiores de vosso espírito ou as lutas materiais que tenhais de suportar, nunca vos esqueçais daquelas consoladoras palavras que resumem a minha mensagem desta noite: *O Mestre vela!*

Que a eterna Bondade de Deus se faça sentir em vós com toda a sua generosa abundância, a fim de que chegueis a compreender – tal como eu o compreendi – que o Pai nos ama imensamente mais do que nos amamos a nós mesmos.

Até sempre.

Tenho sede!

Que a luz Divina do Pai ilumine vossas almas com seu resplendor eterno, a fim de fazer-vos compreender, de uma vez por todas, o caminho que deveis trilhar.

Eis-me aqui, atraído pela inefável voz de vosso amor que chega a mim como um canto longínquo cheio de promessas e de oferecimentos. Eis que se aproxima a hora em que, tal como o pai de família da minha parábola, regressarei para pedir-vos contas de como cultivastes a propriedade que vos foi confiada, de vosso próprio espírito e de outros espíritos que foram postos sob a vossa guarda.

Eis que sou o esposo de vossas almas, porque o amor do Pai me uniu a vós em núpcias eternas. Estou pronto a chegar da longa viagem de séculos e, se ainda não estiverdes vestidos com o branco traje nupcial de todas as purificações, sofrerei a dor de afastar-vos do meu lado por outros tantos séculos quantos já passaram, até que tomeis a decisão de despojar o vosso ser de quanto o afasta das mansões da luz e do amor.

Ouvistes que um dia gritei para a humanidade, na hora do meu sangrento holocausto: "Tenho sede!" Isso porque eu via as almas rodarem de abismo em abismo, afastando-se cada vez mais da verdade e do bem.

Era de almas a dolorosa sede da minha angustiante agonia; e era de salvar almas a sede que devorava a minha alma!

Não compreendeis que cada alma que se afasta de meu lado parece levar consigo um pedaço de meu próprio coração, porque Eu tenho de responder ao Pai por toda esta humanidade que me foi confiada?

Quero o vosso amor, meus filhos, meus amigos, mas não um amor da boca para fora que só diga: "Mestre, Mestre, eu te amo" – amor que depois é desmentido por vossas obras.

Quero um amor que saiba imolar-se como o meu, pela salvação dos homens; que saiba negar-se um prazer para aliviar o irmão que sofre; que saiba despojar-se de sua miséria para elevar com as próprias asas o irmão caído e o irmão extraviado.

Vinde a mim todos vós que padeceis. Sei que todos vós padeceis, porque a vida é uma cruz dolorosa e pesada que vos impele a avançar pelos caminhos da evolução.

Deixo-vos a minha paz, o meu consolo e o meu amor, e levo comigo as vossas promessas, as vossas resoluções e os vossos afetos como perfume divino que vossas almas oferecem à grandeza do Pai.

Até sempre.

Ai do Que Está Só!

Reunidos neste instante pelo fervoroso desejo de união com a Divindade, eu vos falarei em conformidade com o que vejo em vossas mentes.

Uns mais, outros menos, mereceis as palavras que o Mestre me disse um dia, lá na solidão do deserto do Egito, vizinho a Alexandria, no Vale das Pirâmides, onde, junto com Ele, eu investigava os velhos sarcófagos daquela necrópole abandonada.

Encontrando-me sentado sobre um bloco de granito, Ele me disse: "*Vae soli*! Ai do solitário!"

Uns em escala mais ampla, outros em menor escala, todos vós sentis a grande solidão do coração em determinados momentos.

A maioria de vós vive em meio à multidão, no tumulto da capital, e, não obstante, padece de solidão.

Qual a razão disso? Acaso analisastes, em profundidade, qual a causa dessa solidão que às vezes causa imensa tristeza ao vosso espírito, levando-vos a crer que sois seres abandonados ao acaso, às forças cegas que ocasionalmente dominam, ou que vós credes que dominam esta natureza física?

Como vos julgais sós, necessitais e buscais, ansiosamente, às vezes, as diversões ou os prazeres que vos oferecem os grandes avanços modernos: cinema, televisão, rádio, enfim, tudo o que vem desses progressos modernos que, a meu ver, embora às vezes ofereçam algo de bom, provocam um prejuízo maior, porque afastam as almas destinadas pela Lei Divina a uma vida espiritual elevada. Eles as distraem do caminho sério, grave e austero ensinado pelo Divino Mestre, e as levam a entregar-se a essas efêmeras diversões, que, se distraem e entretêm por alguns momentos, não são capazes de manter esse algo de que todos nós, seres destinados a uma vida superior, precisamos.

A bem da verdade, todas essas diversões não são más, a depender de como são consideradas, mas vos afastam de Deus quando pedis a elas, pedis ao mundo, pedis às criaturas, a companhia que faz falta ao vosso coração, esquecendo-vos daquele Amigo Eterno, sempre disposto a estender-vos a mão e a estreitar-vos junto ao seu coração.

O Mestre é o amigo eterno, o eterno companheiro de vossa vida. Ele que, pode-se dizer, vos tirou do nada, de moléculas perdidas nos montes, nas areias do deserto, entre as ondas do mar ou nos lodaçais. Ele vos tirou de moléculas, vos fez e vos elevou à altura a que agora estais, de Filhos de Deus e seguidores de seus passos sobre a Terra.

Por que, pois, tendes de vos julgar sós, mesmo em meio à multidão? Se vos afastásseis, por alguns momentos, dessas coisas efêmeras da vida e pensásseis que tendes um amigo eterno ao vosso lado, que vos está estendendo as mãos e vos está chamando ao seu coração, então não estaríeis sós, não mereceríeis as palavras que vos diz o vosso velho Guia: *Ai do que está só!*

A solidão, assim dolorida, assim cansada, assim fatigada, leva ao pessimismo, ao desalento, ao fastio por todas as coisas, o que vos faz perder o tempo lastimosamente em coisas sem importância, quando há tantas e tantas obras, dignas de um Filho de Deus, por realizar sobre os vales terrestres.

Há neste mundo muita dor que o vosso pensamento poderia aliviar se, em vez de dedicar as vossas horas a diversões efêmeras que não satisfazem o vosso espírito, as empregásseis em orar silenciosamente, em pensar, em fazer com que o vosso pensamento passe como uma asa benéfica por todos os que sofrem, por todos os lares desamparados, por todas as almas que não têm um ombro amigo onde recostar a cabeça, que não têm uma mão que se estenda para dizer-lhe: "Eis aqui o teu irmão."

Se pensásseis em todos esses seres completamente sozinhos no mundo, que não têm ninguém e não possuem a iluminação de que dispondes para buscar o consolo no mundo espiritual, veríeis o grande e imenso trabalho que está dentro de vosso campo de ação, e não perderíeis tempo com coisas que não têm nenhuma importância para vós e que não levam a obter a riqueza que a alma deve ter e buscar a fim de acumular um tesouro imortal e eterno que ninguém lhe pode tirar. Quando vierdes para este lado do espaço infinito, quando chegar a hora e o Mestre vos chamar para o seu lado, pensai que precisareis ter acumulado um caudal de obras benéficas, um caudal que signifique uma parcela de almas consoladas por vós, salvas – pode-se dizer – de cair no mal.

Há almas que estão à beira de um abismo. Aqui mesmo, sobre uma mesa, está a fotografia de um jovem de vinte e quatro anos que se suicidou por causa desse desalento, desse cansaço da alma, dessa fadiga interior que vem do sentir-se completamente só.

Quantas vezes eu lhe disse ao ouvido: *Ai do que está só!* Ele não ouviu e procurou preencher esse vazio profundo com coisas efêmeras, como às vezes fazeis. Para ele, não foi o bastante e um dia em que a onda da solidão o submergiu de modo demasiado, ele perdeu o controle e deu fim à vida. Seus pais, desconsolados, pediram aqui orações para tirá-lo das trevas. Não vos esqueçais dele.

Como ele, digo-vos que há vários seres com esse cansaço imenso da solidão na alma, com essa enorme fadiga de sentir-se sozinho mesmo em meio a multidões, seja o vosso apostolado, pois, para os solitários forçados que não sabem como sair, como evitar a bárbara cruz dessa espantosa solidão. Dedicai-vos a partir de hoje, eu vos peço, porque estou vendo que, à medida que neste mundo avançam os anos e os séculos, aumenta o número dos que padecem de solidão.

Há uma grande quantidade, uma caravana de solitários incuráveis, dentre os quais saem muitos suicidas, muitos doentes de uma coisa ou de outra, porque essa excessiva e incurável solidão traz também a enfermidade, o vício, o mal, o pessimismo, muitos males.

Vós, com vosso amor ao Mestre, deveis ser capazes de curar todos os enfermos dessa grande solidão que induz a terríveis despropósitos.

Prometei-o ao Mestre, a partir de hoje, e procurai ocupar as vossas horas de lazer em serdes consoladores desses incuráveis solitários que vivem sofrendo, que vivem envoltos no negror do pessimismo, do desalento e do cansaço de viver.

Esta é a minha lição desta tarde. Quanto a vós, procurai nunca merecer a palavra que o Mestre um dia me disse: "*Ai do que está só!*"

Buscai a nossa companhia, nós, os seres espirituais que sempre estamos dispostos a consolar-vos.

Buscai a companhia de um livro que possa elevar-vos o espírito às alturas de onde viestes e para onde estão destinados a voltar. Lembrai-vos destas palavras. Quando não tiverdes outra coisa com que consolar-vos, buscai num bom livro esse consolo, elevando o vosso pensamento às regiões a que, uns mais cedo, outros mais tarde, todos devereis voltar.

Lembrai as palavras de vosso velho amigo e levai-as em conta; asseguro-vos que não vos será penoso. Que o Mestre vos abençoe.

Até sempre.

Esqueceis Quem Sois?

Que o amor infinito do Pai seja o vosso consolo e a vossa força. Se vacilais, duvidais e tropeçais nos caminhos da vida é porque, com muita freqüência, vos esqueceis "quem sois", "para que viestes", "por que estais aqui" e "para onde caminhais".

Esqueceis de "quem sois" quando vos desanimam os fracassos materiais, a tal ponto que vos julgais sós e esquecidos, em pleno desterro, como se nenhuma voz respondesse à vossa e como se o vosso pensamento não despertasse vibração alguma entre as múltiplas ondas etéreas cheias de vida e de energia no vasto e incompreensível universo.

Esqueceis de "quem sois" quando vos afastais uns dos outros, deixando que os ressentimentos e os ódios, a superioridade e os outros sutis egoísmos do espírito se encarnem em vós, sob o manto de necessidades fictícias e de obrigações imaginárias.

Esqueceis de "quem sois" quando buscais, ansiosos, as grandezas humanas, o aplauso dos homens e uma colocação destacada no ambiente em que viveis.

E, por fim, vos esqueceis de quem sois, bem como do objetivo da vossa atual estada na Terra e do grandioso ideal de perfeição que buscais há séculos, quando vos opondes a fatos e acontecimentos que nada mais são que o resultado natural da missão que vós mesmos pedistes e aceitastes, missão que, ao situar-vos nos caminhos da luz, vos deixa a descoberto e servindo de alvo às forças das trevas, eternamente em luta contra a verdade e o amor.

Vós vos esquecestes de que os meus caminhos têm marcas de sangue e estão umedecidos de lágrimas; de que neles flutuam dilaceradoras vibrações de soluços e gemidos; esquecestes de que sois os seguidores do grande sacrificado e de que não podeis aspirar a ser coroados de rosas, a não ser depois de ter bebido gota a gota do mesmo cálice que eu bebi quando, mergulhado nas profundezas de minha dor, dizia ao Pai: "Pai, afasta de mim este cálice; porém, que não se faça a minha vontade, senão a tua."

Estais carregados de dor e de fadiga que de todos os lados se levantam, como tremenda avalanche de forças infernais. Enlouquecidas pelo insensato orgulho que as domina, elas julgavam já estar ganha a batalha e desfeita a branca legião de meus seguidores. Como ondas bravias no mar, agitadas pela tempestade, como feras entre as negras selvas inexploradas, como serpentes espantosas, elas vos tinham rodeado e esmagado e surpreendido o vosso espírito com invencível pavor. As forças das trevas não contavam com o fato de que eu chegaria no momento crítico da terrível borrasca; não contavam com o fato de que o Mestre estava no meio de vós, para triturá-las e desfazê-las, porque tenho comigo as forças invencíveis da Verdade, da Justiça e do Amor.

Lembrai-vos, pois, em todos os instantes de vossa dolorosa peregrinação, de que sois missionários da luz e do amor. É mediante a abnegação, o esquecimento de vós mesmos, a renúncia à vossa vontade, ao vosso sentimento, às vossas esperanças materiais, que acabareis por vencer vossos adversários espirituais. Eles são os únicos que vos podem causar males verdadeiros, visto que retardam o nosso programa e entorpecem também as grandes manifestações espirituais que acenderão nesta Terra a grandeza e a glória de Deus.

Volto a repetir-vos: vós vos esqueceis de quem sois, de quem fostes e para que viestes.

Por isso, sois tomados pelo desalento e pelo pessimismo. Por isso, caíram vencidos tantos e tantos ao longo do caminho, deste meu caminho em que há marcas de sangue, vapor de lágrimas e ecos de soluços, de queixas e de gemidos.

Meus filhos: com a minha alma derramando-se em amor e ternura sobre as vossas, repito-vos, mais uma vez, que peçais a Deus que intensifique a sua eterna luz sobre vós, para que tenhais cada vez mais consciência da vossa missão desta hora, das alianças grandiosas que, diante Dele e diante das legiões de espíritos do bem, jurastes e firmastes, porque a única desgraça verdadeira que deveis temer é a de trair esse pacto solene de séculos e séculos, cujo cumprimento vos dará a única coisa que não muda, não varia nem se acaba: a Eterna Verdade, o Eterno Amor, que é, em suma, a felicidade que buscais.

Lembrai-vos que estou no meio de vós como sereno espectador de vossas abnegações e fraquezas, de vossas angústias e derrotas, como também de vossos triunfos e virtudes, e que estou no meio de vós para estender-vos a mão e oferecer-vos o meu peito de amigo fiel quando vos sentirdes desfalecer.

Acaso não me sentis muito perto quando assim vos falo?

Acostumai-vos com a minha presença invisível enquanto não chega o momento de o Pai permitir-vos a clara visão da sua glória, da sua beleza e do seu amor.

Abençoa-vos uma e mil vezes o vosso Mestre.

Saber Fazer a Oração

Paz, esperança e amor sobre todos os seres.

É o vosso irmão Zebeu que atende à vossa invocação desta noite, num Santuário que se chama Negadá, ou seja, "Casa da Paz". Creio que a base fundamental é saber fazer a oração, e sobre isso vamos conversar esta noite a fim de que a vossa memória seja reavivada, já que todos nós, em vidas anteriores, pertencemos a Escolas, Santuários ou Templos consagrados a uma vida interior mais ou menos intensa.

E se hoje não conseguis fazer como queríeis a vossa oração, creio que isso se deve ao fato de que a vertigem da vida atual, plena de inquietudes e incertezas, absorve absolutamente o vosso espírito.

Uns mais, outros menos, todos nós sentimos saudade das horas tranqüilas que passávamos em meditação, a qual continuava depois em nossa vida diária.

Muitos seres, muitas almas dedicadas à oração se queixam de sair dela sem ter conseguido consolo nenhum, sem ter percebido nem obtido nada que seja indício de aproximação da Divindade.

Eu não me considero um Mestre na ciência sublime de unir a alma a Deus, mas o conhecimento adquirido no contato com almas de intensa vida interior me levou a esta conclusão: penso que a oração deve ser como aquela do Divino Mestre no Horto de Getsêmani, ou seja, a oração de entrega absoluta à Suprema Vontade.

Sabemos que, ao orar, Ele não teve outro pensamento senão este: "MEU PAI, AFASTA DE MIM ESTE CÁLICE, PORÉM QUE NÃO SE FAÇA A MINHA VONTADE, MAS A TUA."

E essa oração de amor e de entrega absoluta deu ao Mestre forças para suportar sua agonia e o tremendo martírio do holocausto final.

Como é que a nós a oração nos torna esquálidos, fracos, desprovidos de energias? Por quê? A oração Dele foi uma entrega absoluta à Vontade Suprema, que deve ter comovido, nos céus infinitos, os anjos de Deus.

A nós, que gostaríamos de segui-lo em seus vôos de amor e de fé, nos falta fazer essa oblação de amor, essa entrega absoluta à vontade divina. Deve ser isso o que dá às almas de oração essa serenidade para conservar a paz em meio às hecatombes humanas.

Nossa oração deve ser a de persuadir a nós mesmos, isto é, levar-nos à convicção de que Deus é nosso Pai, de que dependemos absolutamente Dele e de que Ele vela por nós; de que tudo o que acontece conosco é para o nosso bem e a nossa conveniência. E, ao dizer conveniência, não me refiro às conveniências materiais, mas às que dizem respeito à evolução e aperfeiçoamento do nosso espírito. Nossa oração também deve ser adequada à nossa evolução.

Para mim, é um erro grave aproximar-se da Divindade com pensamentos alheios, ou seja, pensados e sentidos por outras mentes, em vez de ser expressão do que nós pensamos e sentimos. A oração deve ser de união com Cristo, que, intermediando-a, a tornará mais eficaz, mais rápida em unir-se à Divindade.

A convicção de que a Divindade é a Providência que vela sobre nós deve levar a alma a uma calma quase augusta em sua soberana amplitude. Devemos extrair dessa calma a serenidade para a nossa vida, a tranqüilidade que devemos irradiar aos que nos cercam, a saúde para nós e para os outros. Porque a intranqüilidade interior é fonte de inúmeras enfermidades. A paz obtida na oração é para nós a felicidade da alma e a saúde para o corpo.

Tudo isso deveríamos extrair da oração se ela fosse uma entrega absoluta à Divindade, tal como foi a oração de nosso Mestre: uma oblação completa, uma dádiva integral, generosa e ampla.

A oração da alma unida a Deus é um inesgotável caudal de paz, de serenidade, de quietude para a nossa vida, o que vos assegura também a paz para os vossos lares e para todos os que dependem de vós.

Provai essa forma de entrega a Deus em vossa meditação diária e percebereis de imediato os seus efeitos em vossa própria vida, porque a serenidade espiritual aumenta as energias do espírito, vivifica a fé e faz florescer de novo a esperança.

Que nosso excelso Mestre vos inunde com os resplendores divinos de seu espírito, a fim de que sejais capazes de pensar, sentir e mergulhar em Deus junto com Ele.

Que a sua Paz esteja convosco.

Que São Almas Gêmeas?

Que a Divina Inteligência ponha frases de luz na minha mente e auréolas de luz nas vossas mentes, já que é a primeira vez que, na personalidade de Leandro de Cária, a Lei me permite aproximar-me de vós, talvez porque reciprocamente o tenhamos desejado e pedido.

Que eu possa chegar com o meu pensamento ao vosso pensamento e ter uma conversa íntima convosco, vós que fostes trazidos a este recinto, que não é morto como o do lago Merik, mas cheio de vida, de luz, de todos os encantos que o Poder Divino esboça em locais predestinados a grandes realizações, onde o esplendor das auroras e dos ocasos vos lembra outros céus que deixastes para trás... Irmãos que buscais o conhecimento divino na solidão destas florestas, sem outro ruído que o rumor dos ventos que as sacodem...! Depois dos ensinamentos, de todo o amor que vossos irmãos maiores vos dão com tanta benevolência, que vos pode dizer o sacerdote de um templo egípcio austero e frio como a pedra de que é feito?

Sois felizes quando, congregados assim, fraternalmente, esperais a palavra que é a verdade e a luz daqueles que compartilham convosco a divina essência de amor que levou o apóstolo Zebeu a me fazer conhecer, num dia que será eterno em minha memória, a suavidade da palavra do Cristo. Enquanto isso, eu tinha de buscar em sinais gravados na pedra, que me eram indicados por meus mestres, os hierofantes mudos e silenciosos, um símbolo.

Esse símbolo era um lótus gigantesco entre cujas pétalas dormitavam dois seres belos em seu eterno sonho de pedra, e eu devia decifrá-lo à custa de dias e noites de longas meditações.

Eu devia decifrar como e por que se escondia ali o enigma impenetrável dessa força criadora que denominamos Deus.

Havia discípulos que passavam anos tentando decifrar esses símbolos, porque nenhum mestre tinha pressa de que o discípulo decifrasse o misterioso segredo. E cheguei por fim à conclusão de que aquelas formas de pedra representavam Osíris e Ísis adormecidos no lótus sagrado.

Aquele lótus era o Cosmos, símbolo ilimitado, sem formas nem medida, e ali a Força Criadora era representada por dois seres, Ísis e Osíris (deuses pais da mitologia egípcia), o princípio masculino e o feminino, dos quais procedem e surgem todas as criações do universo.

Compreendi que aquilo era Deus, o Eterno Invisível em que residem, em grau infinito, o princípio masculino e o feminino, com toda a sua potencialidade criadora, sua fecundidade maravilhosa, seu amor inefável e único.

Mas esse não era todo o conhecimento de que eu precisava para acalmar as ânsias de meu espírito...

As almas...? O que era a Psique humana? O que era a Inteligência que se movia dentro de mim mesmo?

O que era o vívido impulso que me fazia amar, viver e sofrer?

Depois de anos e anos de meditação, cheguei a compreender algo dos mistérios de Deus graças ao vosso místico e doce Zebeu, que me levou a entrever, no silêncio da contemplação mística, o amor verdadeiro, esse amor que se doa sem pedir nada e que vive dessa dádiva permanente de consagração absoluta, de círio radiante que se consome sobre um altar.

Quis ele que nesta noite eu vos explique os conhecimentos que adquiri em longos anos de reclusão, sob um augusto templo de pedra no milenar Egito.

Há pouco tempo faláveis das almas gêmeas, e captei na vossa aura mental grandes questões, como se buscásseis saber qual é e onde está a vossa alma gêmea e sentis que a solidão vos envolve como um sudário estendido em torno de vós.

No âmbito das coisas humanas, chamais de gêmeos aqueles que nascem juntos de um mesmo seio materno. As almas gêmeas também nascem juntas de um mesmo Seio materno: o EGO, emanado de Deus à sua imagem e semelhança.

E quando Ele solta para voar na imensidão do espaço e do tempo uma faísca luminosa emanada de si mesmo, tal como o Eterno o fez com Ele, sabe e compreende que essa faísca é o seu outro eu, que tem a semelhança do seu criador.

Assim como o filho é semelhança do pai e assim como a flor é imagem perfeita de todas as outras flores produzidas por uma mesma planta, assim também a Faísca é outro Eu daquele Ego soberano, eterno e divino como seu Criador e Pai: Deus.

A faísca gerada e nascida do Ego contém, como ele mesmo, os princípios masculino e feminino, que continuam a viver juntos na larva, no musgo, na flor e em todas as espécies inorgânicas, primeiramente, até chegar aos reinos animal e humano, em que as faculdades mentais são despertadas e avivadas como pequenas chamas entre cinzas...

Até chegar esse momento, o ser, rudimentar nas formas e divino em sua origem, é andrógino, ou seja, contém em si o princípio masculino e o feminino, tal como o seu Eterno Criador.

Mas quando o ser vai penetrar nos reinos orgânicos dotados de faculdades mentais mais ou menos desenvolvidas, esses dois princípios se dividem e se separam com um dilaceramento tremendo, com uma dor tão intensa e viva que não há palavras que possam explicá-la ou mesmo compará-la com outra dor qualquer.

Eis aí as almas gêmeas que vivem eternamente unidas por um laço de amor tão forte que nada nem ninguém pode romper. Mas muito raramente elas se encontram na vida física, porque isso seria fazer baixar os céus de Deus à Terra, mundo inferior de expiação, de aperfeiçoamento mediante a dor produzida quase sempre pela parca evolução da humanidade que as cerca.

A religião católica ensina a seus fiéis que todo ser humano tem a seu lado um anjo da guarda que o vigia e protege. É a alma gêmea, o anjo da guarda do que caminha pela Terra. É o outro Eu que, por ordem da Lei, será o inspirador das obras grandes e boas. É como a voz íntima, ou seja, a própria consciência que fala à alma, sem ruído de palavras, mas que a enche de iluminação interior, tal como faz um mestre com seu amado discípulo.

Surgem às vezes em vossas mentes perguntas profundas, como acontece com todas as mentes atraídas pelo que palpita e vive para além do alcance dos sentidos físicos e do raciocínio humano.

Perguntai-vos: então *por que* tantos equívocos, tantos erros e distorções na existência humana?

Às vezes são caprichos apaixonados da alma encarnada que não ouve sua alma gêmea; às vezes ela se dedica a ações e uniões que estão fora de sua Lei, e às vezes entra numa união bem-sucedida. Podemos atribuir este último caso ao fato de a alma gêmea, compadecida da tristeza e da solidão daquela alma que é a metade de si mesma, leva-a a encontrar no seu longo caminho de desterrada uma alma afim que possa substituir sua inigualável companhia, enquanto ela continua a envolvê-la em seu amor eterno a partir do mundo espiritual.

Se pudestes apreender o que é a alma gêmea, que vos segue como uma luz a outra luz, embora nem sempre sua presença seja sensível, poderíeis compreender igualmente como o homem terrestre se comporta de modo tolo quando se entrega a grosseiras complacências, a veleidades ruins e baixas, mesmo tendo a seu crédito o inefável tesouro de um amor eterno como Deus.

Por isso, o Divino Mestre vos diz: "Já é hora de empreender o grande vôo."

Oxalá eu tenha sido capaz de ajudar-vos a abrir as vossas almas entorpecidas. Oxalá eu tenha sido capaz de desfolhar para vós a flor divina do conhecimento secreto que o Senhor guarda para os poucos escolhidos que o querem e o buscam.

Os kobdas conheciam esses mistérios. Também os dáctylos e os essênios – continuadores da doutrina de Moisés – os conheciam. Suas almas adquiriam uma amplitude soberana e alçavam vôos dificilmente alcançáveis.

Nosso Fílon de Alexandria e Melchor de Horeb também os conheciam. Por que quis a Lei que fosse um sacerdote de Osíris quem vos revelasse o segredo das almas gêmeas? Há mistérios que se encobrem sob um véu de pudor, como uma virgem diante do altar de suas núpcias.

Deus é Luz, é Poder, é Sabedoria e, sobretudo, é Amor. Todo Amor santo é pudico, e também o amor divino guarda segredos que suavemente, como as brancas pétalas de uma flor, irão caindo sobre vós à medida que vos entregais a Ele de modo absoluto.

Por que o Mestre escolheria aqueles doze para as intimidades do seu coração?

Por que ninguém falou das intimidades do Cristo divino com seus eleitos?

Os grandes místicos conhecem a razão. O desposório da alma com a Divindade tem também o seu tálamo secreto, onde só ela pode penetrar.

As divinas núpcias da alma com o Infinito, que anulam para sempre os minguados prazeres em que se deleitam os seres desta Terra! Agora podereis compreender o divino segredo dessas almas que passam a vida terrestre como flores exóticas incompreendidas e solitárias, como harpas eólicas que o mais leve zéfiro faz sentir, chorar, cantar indefinidamente....

Que minhas palavras desta noite vos levem a meditar sobre o que podeis realizar avançando às apalpadelas na penumbra destes novos conhecimentos; que eles façam de vós anjos na Terra, anjos que, abrindo suas asas imensamente grandes, sejam capazes de abrigar todos os que se aproximem do amparo dessas asas tecidas de conhecimento, de compreensão e de amor.

Que o amor infinito de Deus se derrame esta noite e em todas as vossas horas de meditação, para que chegueis a compreender o Amor Infinito que se dá a vós como generosa oblação, sem pedir-vos absolutamente nada, tão-somente amor.

Até sempre.

Que É a Alma Purificada Que Traz Deus Em Si Mesma?

Minha paz esteja convosco.

Com profunda emoção percorro com os olhos o círculo de amor que me cerca neste instante, embora creia lembrar-me de vossos nomes, que aparecem como faíscas de fogo no luminoso horizonte que me envolve.

Com emoção mais profunda, penso ainda no que cada um de vós veio buscar neste recinto, consagrado desde esta hora solene como templo augusto em que as almas buscam aproximar-se da Divindade.

Penso no que viestes buscar e no que eu vim buscar.

Ao falar-vos assim, relembro com ternura infinita o momento culminante da minha última vida terrestre, quando à beira do Mar da Galiléia, num sereno anoitecer cheio de ressonâncias e de rumores, eu esperava ansiosamente a chegada dos que deveriam seguir-me de perto até a hora final.

Quando um depois do outro, eles foram chegando ao meu coração que os esperava, eu lhes disse estas palavras: "Viestes a mim porque já é hora."

Hoje, dia em que também eu vos esperava e que todos vós viestes para encontrar-me, como velhos amigos que reciprocamente se buscam e se atraem, eu vos repito as mesmas palavras: "Viestes a mim porque já é hora..."

Vejo esconder-se em vossa aura mental, como vacilantes libélulas douradas, estes questionamentos ansiosos: "Hora do quê, Mestre?" O mesmo me perguntaram os daquela hora longínqua. Eu o direi a vós – meus amigos – com maior pressa do que no distante passado, pois, se aquilo foi um *começo solene*, esta é uma *solene conclusão.*

Aquilo foi o início de uma maravilhosa semeadura de amor que devia durar vinte séculos: os chamados daquela hora preparariam os campos, abririam sulcos em areais desertos, entre áridos penhascos, e também em lodaçais povoados de répteis venenosos.

A inconsciência humana fechara as vertentes do manancial Divino, aberto pelos mensageiros que me tinham precedido na eterna empreitada semeadora da Verdade, da Justiça e do Amor.

O empreendimento era, pois, árduo e duro. Delineavam-se claramente no horizonte deles os holocaustos heróicos e os milhares de mártires.

Era o começo, e todo começo significa dor, sacrifício, profunda abnegação e completa renúncia...

Mas o meu espírito lírico e sonhador ouvia novamente, como cadência longínqua, a frase ardente das promessas que me fizéreis em outras eras: *Que importância têm para o amor a dor e a morte?*

Hoje, vendo-nos reunidos ao meu redor, pedindo que eu vos diga por que vos esperava e por que viestes, volto a repetir-vos: *Já é hora.*

Hora solene e sagrada que pela última vez ressoa no término deste ciclo no qual vós, meus seguidores de hoje – gloriosa continuação de meus seguidores do passado –, deveis terminar a semeadura iniciada por mim há vinte séculos e que em vinte séculos ainda não terminou.

Toda essa humanidade é a sagrada herança que o Pai de todas as almas confiou à minha tutela há imensas eras. Por solene pacto comigo quisestes participar da minha tarefa de semeador eterno de Luz, Verda de e Amor sobre esta Terra, que muitas vezes regamos com nosso sangue de mártires.

Minha Lei desta hora me impede de tomar de novo a vossa matéria e caminhar ao vosso lado para remover ruínas milenares e desenterrar dos escombros verdades sepultadas sob montanhas de areia; mas, a partir dos mundos de luz e de amor em que a Eterna Lei da Evolução me colocou, sigo com infinito amor os vossos passos vacilantes e inseguros, animando os mais fracos e impulsionando vigorosamente os mais fortes a avançar com inquebrantável decisão na gloriosa jornada de salvação final que haveis empreendido.

Esta é a Fraternidade Cristã que se reúne em torno de mim neste instante, como bando de pombos-correio prestes a iniciar o vôo heróico que leva a vossos irmãos menores a mensagem Divina de libertação e de doces promessas para a era feliz que se avizinha, depois da trágica agonia deste ciclo que *fenece entre convulsões e cataclismos que alguns de vós vereis com os vossos olhos de carne*.

Mas como todo libertador deve, antes, ser ele mesmo libertado, e como todo aquele que pretende iluminar os outros deve estar ele próprio iluminado, a vossa Fraternidade Cristã começa sua obra de redenção humana acendendo uma lâmpada de amor, de fé e de completa purificação em cada um de vós, de tal maneira que possais derramar a vossa claridade nas obscuras trilhas que levam esta humanidade ao abismo.

Portanto, deveis ser círios acesos no caminho de trevas daqueles seres que vos estão vinculados pela amizade ou pelo sangue; rouxinóis que cantam por trás da gelosia, nas grades dos presídios, nos antros da dor e da ignomínia, porque onde não pode penetrar a palavra amiga pode, em contrapartida, chegar o pensamento como vivo raio de luz emitido na oração profunda por vossa alma purificada e em íntima união com a Divindade.

Eis que acabo de esboçar para vós, nitidamente, a única e bela finalidade da Fraternidade Cristã: *obter a qualquer preço a purificação do vosso eu*, a fim de serdes capazes de remover, com o vosso pensamento, com os vossos anseios, com a vossa heróica vontade, os vossos irmãos caídos ao longo do caminho, irmãos desorientados que trilham caminhos errados, sem encontrar o verdadeiro, irmãos que, oprimidos por cargas que puseram sobre si, não conseguem dar um passo pelo suave caminho da Lei sob o olhar vigilante de Deus.

"Se me amardes como Eu vos amo e se amardes à vossos irmãos como a vós mesmos, meu Pai e Eu faremos a nossa morada em vosso coração", disse-vos a minha boca de homem na noite da despedida final. Minha palavra se cumpre sempre, porque encerra a Verdade de Deus.

Sereis fortes com a Divina Presença em vós.

Sereis invencíveis com o Poder Divino em vosso coração.

Sereis o Amor Eterno derramando-se em vagas intermináveis sobre todos os seres que cruzarem o vosso caminho.

Sereis Água de Vida Eterna apagando a sede febril de vossos irmãos e lavando as suas chagas cancerosas.

Sereis a Luz Divina iluminando as trevas e abrindo um caminho de paz, de amor e de esperança em todas as desolações.

Tão grande quanto tudo isto é a alma purificada que leva Deus em si mesma.

Meus amigos, amados do meu coração há tão distantes eras, não hesiteis em levar o vosso vôo heróico pela via semeada de estrelas que acabo de delinear-vos com o pincel mágico das realidades supremas.

Eu vos sigo com o olhar a partir do meu plano de Luz Infinita e, se quero fazer a minha morada em vosso coração, deveis sentir as palpitações do meu, que com ânsia viva por vosso progresso e por vosso triunfo espiritual, vos diz em cada pulsar: "Adiante, amigos, que Eu sou vosso condutor..."

Dou-vos a minha bênção em nome de Deus.

A Estrela dos Magos

Paz, esperança e amor sobre todos os seres

Uma doce emoção embarga o meu espírito ao perceber a onda de amor que vos reúne em forte e estreito vínculo de "Fraternidade Cristã".

Hilarião, vosso irmão do espaço, atende ansioso por compartilhar convosco esta íntima unificação em torno do excelso Mestre, cuja personalidade augusta reconhecestes através das páginas de nossas *Harpas Eternas*, que a esboçaram na tela magnífica das realidades divinas.

Foi para vós um dom do céu nosso livro extraído dos Arquivos da Luz Eterna; e ele vos leva a Cristo tal como a estrela misteriosa que guiou aqueles três escolhidos do Extremo Oriente ao berço do Salvador do mundo.

E quando o encontrais, Ele vos canta ao ouvido a canção divina que suaviza a vossa longa peregrinação, com palavras inesquecíveis:

> "Eu tenho a luz deste mundo e o que me segue não caminha nas trevas."
>
> "Eu sou o caminho, a verdade e a vida, e aquele que segue meus passos não errará o caminho que leva ao Reino de Deus."

Harpas Eternas, livro enviado a vós como uma roseira branca que os anjos de Deus desfolharam dos céus sobre a dor e as sombras que envolvem esta humanidade, é na realidade a estrela Magna que ilumina o caminho que trilhais no seguir ao Cristo, a quem todos nós estamos buscando há longas e pesadas eras.

Quando, na solidão dos vossos aposentos, encontrais esse livro como um amigo silencioso que vos espera para consolar as vossas profundas tristezas e incertezas, o excelso Mestre vos canta ao ouvido, como um hino divino, suas palavras de paz, de amor e de infinita consolação:

> "Vinde a mim todos vós que caminhais oprimidos pelo peso de vossa carga, pois eu vos aliviarei."
>
> "Amai a Deus sobre todas as coisas e ao próximo como a vós mesmos."
>
> "No amor que tiverdes uns pelos outros se conhecerá que sois meus discípulos."

Nos dias da sua vida terrestre, houve quem lhe perguntasse com assombro: "É essa toda a Lei que ensinas, Mestre?"

"Esta é a única lei que vigora em todos os mundos do Universo" – respondia ele.

Todo claridade, simplicidade e amor, ele nunca exigiu em seu ensinamento, nem rituais ou fórmulas, túnicas ou jejuns, nem tampouco penitência; tão-somente o amor fraterno, supremo ideal da sua vida.

A beleza divina de seu ideal reúne-vos neste instante em que vos estreitais em fraternal abraço, irmãos que compreendeis o sublime ideal de Cristo e que vos esforçais para torná-lo realidade com o pensamento e com as obras.

Nós, vossos irmãos dos planos espirituais, colaboramos convosco nessa dádiva generosa dos céus à Terra, desfolhando páginas como flores de luz e de beleza divina sobre esta humanidade, herança eterna do Cristo, cuja luz nos guia através das trevas.

Mas não julgueis que nos seja fácil estabelecer um fiel e permanente contato com uma mente encarnada, de maneira que esta perceba com nítida clareza as idéias e os pensamentos, nesta hora final do ciclo, em que o mal predomina em seus mais terríveis aspectos e o egoísmo, as ambições e o ódio invadem, como turvo vagalhão, as praias da Terra.

Só os verdadeiros amantes de Cristo e de sua Lei podem colaborar conosco nessa nobre e delicada tarefa.

Neste instante, vêm-me à mente estas palavras d'Ele, que esboçam a seus seguidores um aspecto do caminho: "Aquele que quiser vir após mim negue-se a si mesmo, carregue a sua cruz e siga-me."

Nesse "negar-se a si mesmo" está encerrado, tal como num cofre de diamantes, o programa do Cristo para todos nós que ansiamos por apressar a chegada a esse cume, promessa eterna da perfeição do espírito, depois da longa peregrinação pelo caminho das renúncias e das superações.

Encerra-se ali tudo o que cabe de grande, puro e belo na alma humana que busca a perfeição, a amizade leal e sincera, assim como a grandeza sublime do amor que se doa sem pedir nenhuma recompensa.

Mas é doloroso compreender que, mesmo entre as fileiras dos espiritualistas cristãos, o egoísmo às vezes germina sob a forma de receios e desconfiança, de aversão e até de inveja, como abrolhais daninhos que machucam os corações e vos distanciam uns dos outros.

Neste instante de íntimo colóquio entre o meu espírito e o vosso, surge em mim a idéia de pedir-vos uma bela dádiva: que o nosso amado Mestre não tenha de repetir as dolorosas palavras que dirigiu aos seus quando lhes anunciou a chegada entre eles dos discípulos de João Batista e observou o profundo desagrado que isso provocava: "Semeei em vós o amor e a semente secou."

Oh, não, por favor! Que na hora atual Ele não possa dizer essas palavras referindo-se ao querido horto de nossa "Fraternidade Cristã"!

Que o seu Amor, a sua Paz e a sua Luz Divina vos acompanhem em todos os instantes de vossa vida.

Até sempre.

FRATERNIDADE CRISTÃ UNIVERSAL

Obras

As Origens da Civilização Adâmica

Moisés – O Vidente do Sinai

Harpas Eternas

Cumes e Planícies

Chave de Ouro

Paráfrasis del Kempis (em castelhano)

Huerto Escondido (em castelhano)

Síntese

É um núcleo de Almas que sentem a Obra da Fraternidade Cristã Universal como algo próprio e que tendo a Obra como base de conhecimento espiritual, moral e ético, geram um movimento puramente espiritual. Sem liturgias, sem ritos nem cerimônias, nem interesses de qualquer espécie.

Buscam consolidar o espírito cristão com a conduta interna, obtido pelo "conhecimento de si mesmo" através do estudo, da meditação e da análise serena dos pensamentos e sentimentos à Luz do Divino Mestre e de Mestres de vida espiritual que os precederam no caminho.

Estes pensamentos e sentimentos se verão refletidos aos seus semelhantes pelo bem pensar, sentir e obrar.

A Escola

A Fraternidade Cristã Universal, legado do Divino Mestre, é um dos infinitos caminhos que elege a Alma para seu aperfeiçoamento moral, espiritual e intelectual.

Onde o discípulo aprende a cultivar seu jardim interior, a percorrer seus caminhos e ir ceifando as ervas que o impedem de continuar o seu andar, até chegar ao Templo onde a Divindade aguarda-lhe para fazê-lo participante de seus tesouros, para que, por sua vez, os ofereça aos seus irmãos.

Seus tesouros são a Paz, a Esperança, a Sabedoria e o Amor.

Postulante à Escola

1. *A perseverança na leitura e estudo da Obra.*
2. *Modificação da conduta íntima, a qual ninguém tem o direito de averiguar, inquirir ou penetrar, a não ser ele mesmo e seu Eu Superior.*
3. *Ser o reflexo sincero em seus atos externos do Amor aos seus semelhantes.*
4. *Neste desejo, fazer com que a vontade de superação íntima e de união à Divindade, através da meditação, surja e tenha a convicção de que é o caminho apropriado para sua Alma.*
5. *Seguro disto e por sua própria vontade, afiliar-se à "Grande Aliança" e fazer parte dos que têm por sua única crença a Verdade, a Justiça e o Amor.*

6. *O tempo para esta decisão será marcado pelo postulante, consciente da liberdade e responsabilidade que determina seu "livre-arbítrio".*
7. *Participar sua decisão aos Irmãos Iniciados no caminho da fraternidade cristã e afiliados à "Grande Aliança", com a única finalidade de estabelecer um laço de Amor entre as almas afins.*

<u>Contatos:</u>

ARGENTINA
C. Correos nº 47
1648 – Tigre – Prov. de Buenos Aires
República Argentina

BRASIL
Caixa Postal 11337
São Paulo – Brasil
05422-970

Mais de 3000 anos de História
na visão de

Josefa Rosalía Luque Alvarez
autora de *Harpas Eternas*

Em ***Harpas Eternas*** (4 volumes), é narrada a história de Jesus de Nazaré. Contada com impressionante riqueza de detalhes e detendo-se particularmente em aspectos de sua biografia que os livros canônicos nem sequer mencionam, *Harpas Eternas* é, sem dúvida, a mais completa e emocionante narrativa da vida terrena do Salvador.

Em ***Cumes e Planícies - Os Amigos de Jesus*** (3 volumes), a autora retoma a narrativa começando pela reunião dos Apóstolos em Jerusalém, amedrontados com o que poderia acontecer com eles depois da morte de Jesus e, a partir daí, refaz o itinerário de cada um deles, acompanhando-os em seu trabalho de evangelização, narrando-lhes as peripécias, as vitórias e o martírio.

Moisés - O Vidente do Sinai (3 volumes) volta no tempo para contar a saga do povo hebreu desde a época em que vivia escravizado no Egito até chegar, depois de uma longa peregrinação pelo deserto, à terra que lhe havia sido prometida por Deus a seus antigos patriarcas. As relações de profunda amizade que ligavam o futuro libertador e legislador de Israel e seu companheiro de infância, o futuro Faraó, constituem o pano de fundo de uma história cuja trama é absolutamente nova nessa história tão antiga.

EDITORA PENSAMENTO